HESSE LECTURES

Hermann Hesse, 1905. Porträt von Ernst Würtenberger

Stefan Zweig, um 1912

VOLKER MICHELS

HERMANN HESSE UND
STEFAN ZWEIG

»Die Tat beginnt immer
mit dem Traum«

editionfaust

1. Auflage 2015

www.editionfaust.de

Lektorat: Regine Strotbek
Druck: Druckhaus Köthen, Köthen (Anhalt)
Printed in Germany
ISBN 978-3-945400-12-8

Inhalt

Stefan Zweig bei einer Lesung Mitte der 1930er Jahre

»EIN LEBEN, GANZ INS WERK GETAN, HEBT IMMER NEU ZU WIRKEN AN«

Zur Aktualität von Stefan Zweig

Nur wenige deutschsprachige Autoren der Generation Stefan Zweigs haben ein so weltweites Echo gefunden wie er. Was etwa bei Thomas Mann, Franz Kafka oder Hermann Hesse in vergleichbarem Ausmaß erst nach dem Zweiten Weltkrieg und später einsetzte, hat Zweig noch selbst erlebt. Bereits 1942, im Jahr seines Todes, waren seine Bücher in etwa 30 Sprachen übersetzt (darunter eine zehnbändige, von Maxim Gorki eingeleitete russische ›Gesamtausgabe‹), und auch heute noch, wenn in Japan, Südamerika, Australien oder wo immer im Ausland von deutscher Literatur des 20. Jahrhunderts die Rede ist, fällt der Name Stefan Zweigs als eines ihrer bekanntesten und meistgelesenen Repräsentanten.

Am 28. November 1881 im Wien Kaiser Franz Josephs, Arthur Schnitzlers, Peter Altenbergs, Gustav Mahlers und Sigmund Freuds geboren, sieben Jahre jünger als Karl Kraus und Hugo von Hofmannsthal, gehört Stefan Zweig zur Generation Thomas Manns, Rilkes, Hermann Hesses, Robert Walsers, Franz Werfels und Joseph Roths, Autoren, mit denen ihn mehr als die historischen Gemeinsamkeiten verbindet.

Als Sohn eines jüdischen Kaufmanns, der die großväterliche Firma vom Zwischenhandel mit Stoffen zu einer eigenen Textilfabrikation ausgebaut und sich rasch zu einem wohlhabenden Großindustriellen entwickelt hatte, war Stefan Zweigs Kindheit eine privilegierte und seine Zukunft – ob er nun im eingefahrenen Geleise der Familientradition bleiben würde oder nicht – in jedem Fall gesichert. Doch weder die Vorteile seiner Herkunft noch die seines späteren weltweiten Schriftstellerruhmes konnten ihn dazu verlocken, sich auf den Verdiensten seiner Angehörigen auszuruhen. Vielmehr stellte er gerade deshalb umso größere Anforderungen an sich selbst, um diesen Vorschuss durch eigene Leistungen zu rechtfertigen und produktiv zu machen. In seiner Autobiographie »Die Welt von Gestern« deutet er diesen Antrieb nicht als einen persönlichen, sondern als einen jüdischen Wesenszug. Dort heißt es: »Im allgemeinen wird angenommen, reich zu werden, sei das eigentliche und typische Lebensziel des jüdischen Menschen. Nichts ist falscher. Reich zu werden bedeutet für ihn nur eine Zwischenstufe, ein Mittel zum wahren Zweck und keineswegs das innere Ziel. Der eigentliche Wille des Juden, sein immanentes Ideal ist der Aufstieg ins Geistige, in eine höhere kulturelle Schicht [...] ein Judentum, das sich von allen Defekten und Engheiten und Kleinlichkeiten, die das Ghetto ihm aufgezwungen, durch Anpassung an eine andere Kultur und womöglich eine universale Kultur befreit hat.« Das gilt für Zweigs Vorfahren ebenso wie für ihn selbst, mit dem diese Entwicklungslinie gipfelt und zugleich abbricht.

Kaum zwanzigjährig, trat er erstmals mit einer Sammlung von Gedichten an die Öffentlichkeit, und schon ein Jahr darauf, als von ihm übersetzte und herausgegebene Baudelaire- und Verlaine-Ausgaben erschienen, zeichnet sich ein Charakteristikum seiner gesamten künftigen Biographie und Produktion ab: die Freude am Vermitteln, der produktive und höchst ansteckende Enthusiasmus für alles Verbindende zwischen den willkürlichen Trennungen der Landesgrenzen, Sprachen, Weltanschauungen und Religionen. Denn »die Verbreitung des Guten war ihm Herzenssache«, erinnert sich Thomas Mann 1952, »und wohl die Hälfte seines Lebens hat er daran gewendet, zu übersetzen, zu propagieren, zu dienen, zu helfen. Wenige wissen, in welchem Maß er seinen überall hinreichenden Einfluß, seine hohen Einkünfte, an denen ihm nichts lag, benützt hat, zu fördern, zu retten, zu unterstützen.« Neben einem Werk von zwölf Biographien, neun Bänden Essays und Betrachtungen, zahlreichen (in Buchform bisher erst lückenhaft vorliegenden) Aufsätzen, Rezensionen und Tagebüchern, sieben Dramen und Komödien, sechs Sammlungen mit Novellen, Erzählungen und Legenden, drei Gedichtbänden, zwei Romanen und seinen »Die Welt von Gestern« überschriebenen »Erinnerungen eines Europäers« hat Stefan Zweig noch nahezu fünfzig Werke anderer Autoren, Zeitgenossen vor allem, aber auch Werkeditionen von Dickens, Dostojewski, Verlaine, Sainte-Beuve und Maxim Gorki herausgegeben, eingeleitet oder übersetzt. Auf seinen Vorschlag hin hat sein Verleger Anton Kippenberg die »Bibliotheca mundi«, eine Bibliothek der Weltliteratur im Wortlaut der Originale, und die Insel-Bücherei gegründet, eine »Weltstadt um den ursprünglich elfenbeinernen Turm« des damaligen Insel Verlags. Einen »Meister der Freundschaft« nannte ihn Hermann Hesse. »Freundschaft ist seine Religion«, bezeugte Romain Rolland und erkannte darin den Impuls jener übernationalen und konstruktiven Mittlerschaft, die allen Schriften Zweigs gemeinsam ist. In einem Brief aus dem Jahre 1907 hatte Rilke ihn darin bekräftigt, als er dem sechs Jahre Jüngeren schrieb: »Reden Sie, gerade wenn Ihre Bewunderung unabsehbar ist: Sie werden erstaunt sein über die Macht Ihrer Stimme und die Bereitschaft, mit der man Sie hört und wiederhört.«

Zweig muss ein glänzender, mitreißender Redner gewesen sein. Seine Begeisterungsfähigkeit für das Wünschenswerte hat etwas Ansteckendes. Hinzu kommt sein dramatisches Talent (das sich paradoxerweise mehr in den Novellen, Biographien und »Sternstunden« entfaltet als in seinen Theaterstücken – das tolldreist entlarvende Lustspiel »Volpone« ausgenommen). Doch aus ihrem Zusammenhang gelöst, verlieren seine Formulierungen mitunter an Glanz, zumal wenn sich Rhetorisches und Dramatisches überlagern. Dann kommt es zu Interferenzen. Trotz solcher Temperamentsüberschüsse im Stilistischen vermittelt Zweig dennoch ungleich mehr an Stoff, psychologischem Tiefgang und Identifikationsmöglichkeiten als mancher seiner stilistisch reservierteren, kühleren oder interpretationsbedürftigeren Kollegen.

Wichtiger jedoch als alles Formale und Quantitative ist die Frage: Was hat dieser Autor uns heute zu sagen? Und dabei kann die Position Zweigs im Kraftfeld der politischen Lager nicht ausgeklammert werden. Wie so viele Autoren, deren Bücher sich auch jenseits der eigenen Landesgrenzen durchgesetzt und über Generationen hinweg bewährt haben, beschämt Stefan Zweig die politischen Systeme aller Lager durch seine überparteiliche Parteinahme für den Menschen, ein Einsatz, der weder auf Wahlkämpfe, Deklarationen oder auf ideologische Manifeste berechnet ist, sondern mit Wort und Tat überall dort Partei ergreift, wo Menschen – sei es auch im Hinblick auf eine bessere Zukunft – unterdrückt und vergewaltigt werden. Jenen abgeneigt, die bereit sind, Menschen Ideen zu opfern, so erstrebenswert diese auch sein mögen, schreibt er bereits im Ersten Weltkrieg: »Keine Idee ist eine ganze Wahrheit, aber jeder einzelne Mensch ist eine ganze Wahrheit.« Schon damals, schon zu einem Zeitpunkt, als noch die meisten seiner Kollegen »johlend und jauchzend wie Schuljungen hinter der Militärmusik« dem Krieg nachgelaufen sind, notiert Zweig: »Das Furchtbarste dieses Krieges, das, was ihn von allen früheren unterscheidet, ist seine bewußte Vergeistigung, der Versuch, ein Geschehnis, das vergangene Zeiten einfach als naturhaftes Verhängnis wie Pest und Seuche hinnahmen, heroisch in eine ›große Zeit‹ zu verklären, der Gewalt eine Moral, der Vernichtung eine Ethik zu unterstellen.« Das waren seltene Töne in einer Zeit, als wöchentlich fünftausend Gedichte auf den Krieg in deutschen Blättern publiziert wurden. »Nie zuvor«, schreibt Stefan Zweig, »hatte die Gehässigkeit so breite Schichten ergriffen, nie hatte sie bestialischer unter den Intellektuellen – diesen Treibern und Fabrikanten der Lüge – gewütet, nie war aus den Kanälen der Zeitungen, den Retorten der Gelehrten so viel Öl ins Feuer gegossen worden [...] Zum erstenmal wurde die Wissenschaft, die Dichtung, die Kunst, die Philosophie dem Krieg ebenso hörig gemacht wie die Technik [...] Jedes Land, jedes Volk hat begeisterte Sprecher, die auch die unsinnigste seiner Taten blindlings zu rechtfertigen bereit sind, die seine Irrtümer, seine Verbrechen hinter rasch konstruierten moralischen und metaphysischen Notwendigkeiten gehorsam verbergen.«

Diese Sätze aus Zweigs Biographie des französischen Schriftstellers und Pazifisten Romain Rolland stehen allerdings am Ende eines von 1914 bis 1917 dauernden schmerzhaften Entwicklungsprozesses, der sich 1930-1933 unter veränderten historischen Vorzeichen wiederholen sollte. Wieder ist es sein Enthusiasmus, seine Bereitwilligkeit, in allem Neuen zunächst einmal das Positive zu sehen, die anfangs jede Skepsis verdrängt. Bis sich Zweig durch ernüchternde Erfahrung ein eigenes Bild gemacht hat, war seine Haltung zu Beginn des Ersten Weltkriegs wie auch in den Jahren vor der Machtergreifung Hitlers noch ambivalent. Aufgeschlossen für den Elan der jungen Generation, abgestorbene staatliche Ordnungen durch sinnvollere zu ersetzen, entging auch er nicht der euphorischen Aufbruchsstimmung der ersten Kriegsmonate, die den rückständigen Vielvölkerstaat der k.u.k. Monarchie aus seiner senilen Lethargie aufzurütteln versprach, und er publizierte enthusiastische Zeitungsartikel, die hoffnungsvoll auf die Verbindung Deutschlands mit Österreich durch ihre »Schwertbruderschaft« blicken. Skrupel gestattet er sich vorerst nur in seinem Tagebuch: »Vom Tage dies: daß die Pferde, die geführt werden, einen eigentlich mehr rühren als die Menschen, weil sie die ganz Unbewußten sind. Sie haben nicht die Begeisterung (des Alkohols und der Musik), sie stampfen ahnungslos hin.« (6.8.1914) »Wenn die Leute im Caféhaus Belgien aufteilen, schaudert mir vor der Hybris und ich bitte sie zu schweigen, sie möchten die Götter nicht versuchen.« (26.8.1914)

Vom Dienst mit der Waffe befreit und stattdessen wie unter anderen Alfred Polgar, Franz Werfel und Rilke im Wiener Kriegsarchiv beschäftigt, wird er 1915 als Berichterstatter erstmals an die Front, in das soeben zurückeroberte Galizien, gesandt. Nun ändern sich seine idealisierenden Kommentare zum Zeitgeschehen, und er beginnt mit der Konzeption seines »Jeremias«, des ersten Dramas im damaligen Deutschland, das eine unmissverständliche Absage an die Gewalt enthielt. Von der Zensur der deutschen und österreichischen Bühnen zurückgewiesen, konnte es erst im Februar 1918 in Zürich uraufgeführt werden. Während dieser Jahre lebte er selbst in der Schweiz in engem Austausch mit Romain Rolland und der Genfer »Kriegsgefangenenzentrale des Internationalen Roten Kreuzes«. Doch nicht allein in seinen neuen journalistischen Mahnrufen für den Tag und die Stunde, sondern nachhaltiger noch in seinen Büchern, in den essayistischen Lebensbildern von Dichtern, Wissenschaftlern und politischen Schlüsselfiguren, die bezeichnenderweise einsetzen mit Biographien von so gegensätzlichen Gestalten wie Romain Rolland und Joseph Fouché, dem »opportunistischen Polizeiminister von vier Gesellschaftsordnungen«, des royalistischen, revolutionären, napoleonischen und restaurativen Frankreich, überall finden wir Zweig nun den Gründen für die destruktiven Antriebe der Zeitgeschichte auf der Spur. Bevorzugt wählt er sich solche Gestalten, die durch ihr unangepasstes Verhalten in Konflikt geraten mit überlebten Gewohnheiten und der blinden Routine ihrer Zeitgenossen, so dass sie Zerreißproben provoziert und damit neue Denkprozesse und historische Veränderungen ausgelöst haben. Überflüssig zu fragen, wer bei solchen Zerreißproben zuerst zerrissen wird. Stefan Zweig macht sich zu ihrem Anwalt, um an authentischen Beispielen den Kampf des »Genialen gegen das Traditionelle«, des Gewissens gegen die Lethargie zu demonstrieren und zu zeigen, an welchen

Faktoren die vergeblichen Anläufe der Vergangenheit, eine Humanisierung des Menschen herbeizuführen, gescheitert sind. »In meinen Novellen ist es immer der dem Schicksal Unterliegende, der mich anzieht, in den Biographien die Gestalt eines, der nicht im realen Raume des Erfolgs, sondern einzig im moralischen Sinne recht behält, Erasmus und nicht Luther, Maria Stuart und nicht Elisabeth, Castellio und nicht Calvin«, schreibt er in »Die Welt von Gestern«. Was diese Darstellungen auszeichnet und was uns daran besonders heute so wohltuend auffällt, ist die Ausgewogenheit und Gerechtigkeit seiner Wertung, die bei aller Parteinahme für seine tragischen Helden auch immer deren Gegner zu Wort kommen lässt und sie nicht mit der Schablone einseitiger Tendenz zur Karikatur verzerrt. Dabei ist ihm das Versagen des Individuums nicht weniger wichtig als seine Prägung durch die Gesellschaft.

Und noch etwas anderes fällt auf: Gleichgültig, in welcher Zeit, an welchem Ort und in welchen Kulturen seine Schriften spielen, ob im legendären Raum des Alten Testaments, im hinduistischen Indien der Bhagavadgita, im Jahrhundert der spanischen und portugiesischen Weltumseglungen, am Hofe Ludwigs XVI. oder im England Maria Stuarts, zur Zeit der Reformation und ihrer Glaubenskriege, im Frankreich der Revolution, Napoleons und Balzacs oder in der Gegenwart, bei der Entdeckung des Südpols, der Verbindung des Atlantischen mit dem Pazifischen Ozean durch den Panamakanal oder zur Zeit der Russischen Revolution, immer vermag Zweig das Vergangene auf eine Weise zu vergegenwärtigen, dass wir zu Augenzeugen werden. Die Lektüre seiner Bücher ist keine trockene Pflichtübung im Rekapitulieren des Historischen. Sie nimmt den Leser gefangen, als ob von ihm selbst, seinen eigenen Problemen und Zeitgenossen die Rede wäre. Der Erzähler begibt sich nicht in die Rolle des distanzierten Chronisten, der weiß, wie es weitergeht oder »kommen musste«.

Hat ein Thema durch autobiographische oder durch Bezüge zur Tagesaktualität Zweigs Teilnahme und Neugierde geweckt, dann vermag er alles Allgemeinplätzige und Angelesene auszuschalten, um den Fall möglichst unvoreingenommen für sich und den Leser von neuem zu entwickeln. Ein scheinbar abgeschlossener Prozess geht in Revision mit einer Versuchsanordnung, die sich einzig auf die (meist mühsam zu beschaffenden) authentischen Lebenszeugnisse der Betroffenen verläßt, sowie auf die Reaktionen ihrer Zeitgenossen und Zweigs eigenes psychologisches Einfühlungs-, Witterungs- und Kombinationsvermögen verlässt. Da für den Schreibenden bei dieser Arbeitsweise der Ausgang der Untersuchungen bis zum Abschluss seines Revisionsverfahrens noch durchaus offen ist, wird der Leser unwillkürlich in die Spannung detektivischer Spurensicherung einbezogen, ebenso wie in die verblüffenden Schlussfolgerungen von Zweigs intimer Menschenkenntnis. »Tatsachendichtung« nannte der Schriftsteller Hermann Broch Zweigs Methode, das Historische durch angewandte Psychologie zu aktualisieren. Ob der auf diese Weise dargestellte Fall nun einen ermutigenden oder einen deprimierenden Ausgang nimmt, immer bestärkt Stefan Zweig das Konstruktive in seinen Lesern. Auch wenn, wie bei dem Karrieristen Joseph Fouché, die historischen Figuren eine negative Rolle spielen, überträgt sich auf den Leser nicht das lähmende Gefühl der Ausweglosigkeit, sondern es gelingt dem Erzähler, sogar noch aus dem Negativen Energien freizusetzen, die uns zum Gegenteil stimulieren. »Wie können wir den Organismus wieder entgiften?« ist seine oft wiederholte Devise. »Zweig meint oder hofft nicht, durch seine Schriften die Welt ändern zu können«, schrieb Klaus Mann, »sein einziger Ehrgeiz ist es, die Bitternis menschlichen Leidens lindern zu helfen, indem er uns dessen Wurzeln genauer kennen lehrt.«

Vierzehn produktive Jahre, vermutlich die erfreulichsten seines Lebens, hat Stefan Zweig seit Ausgang des Ersten Weltkriegs in Salzburg zugebracht, wo seine erfolgreichsten Bücher entstanden. Dort hat er auch den größten Teil seiner einzigartigen Sammlung von Handschriften bedeutender Schlüsselfiguren der Weltgeschichte beherbergt und unzählige Besucher, Künstler und Kollegen wie Thomas Mann, Romain Rolland, H. G. Wells, Hugo von Hofmannsthal, Franz Werfel, Paul Valéry, Arthur Schnitzler, Bruno Walter, Sigmund Freud, Richard Strauss, Alban Berg, Maurice Ravel und andere empfangen. Auch viele seiner Korrespondenzpartner und zahllose Leser suchten ihn dort auf, so dass er, als es ihm zu viel wurde, unter der Sonnenuhr seiner Terrasse die Aufschrift anbringen ließ: »Die Sonne hält nur kurze Rast, nimm dir ein Beispiel, lieber Gast«.

Doch allzu bald wurde ihm das Leben dort unerträglich. Anfang April 1933 erreichte ihn aus Paris die Warnung Joseph Roths: »Beim Rassentheoretiker Günther findet sich Ihr Bild als das des typischen Semiten [...] Passen Sie auf!« Dennoch zögert er zu emigrieren. Wichtiger als die eigene Sicherheit ist ihm die Rücksicht auf die mitbetroffenen Freunde und Kollegen: »Ich habe die stärkste Abneigung, Emigrant zu werden, und würde das nur im äußersten Notfall tun«, antwortet er am 15. April seinem Freund, dem Maler Frans Masereel, »denn ich weiß, daß alles Emigrantentum gefährlich ist, man macht dadurch die Zurückgebliebenen zu Geiseln.« Drei Wochen später, schon bei den ersten Bücherverbrennungen, werden auch seine Schriften in die Flammen der nationalsozialistischen Scheiterhaufen geworfen. Statt dem Hass gleichfalls mit Hass zu begegnen, ist er der Ansicht, dass man die Provokationen der Gegner nicht aufwerten dürfe, indem man darauf reagiere, und schon gar nicht mit denselben polemischen Kampfmethoden. Man müsse den falschen Leitbildern die besseren entgegensetzen und, statt zu polemisieren, das Positive und Alternative hervorheben. Dem Freunde Joseph Roth ruft er zu: »Nicht hart werden an der Härte der Zeit, das heißt sie bejahen, sie verstärken! Nicht kämpferisch werden, nicht unerbittlich, weil die Unerbittlichen durch Brutalität triumphieren – sie lieber widerlegen durch das Anderssein.« Indem man das Bessere rühme, richte man in einem höheren Sinn. »Das Aggressive liegt mir nicht«, heißt es in einem Brief vom Mai 1933 an Klaus Mann. »Kämpfen können auch die andern, das haben sie bezeugt, so muß man sie auf einem Gebiet schlagen, wo sie inferior sind [...] und in künstlerisch unwidersprechlicher Form die Bildnisse *unserer* geistigen Helden aufzeigen.«

So entsteht 1933 das erste seiner beiden aktuellsten und unbekanntesten Bücher, »Triumph und Tragik des Erasmus von Rotterdam«, das er »einen stillen Lobgesang auf den antifanatischen Menschen« nennt. Wie Erasmus versucht auch er selbst mit diesem Buch Alternativen zu entwickeln. Je fanatischer die Zeit sich in Parteilichkeit verrennt, desto entschlossener beschwört er die Überparteilichkeit. »Immer wird der Masse«, notiert er im Einführungskapitel dieses Buches, »das Konkrete, das Greifbare eingängiger sein, immer darum im Politischen jede Parole am leichtesten Eingang finden, die statt eines Ideals eine Gegnerschaft proklamiert, ein Feindbild, einen bequem faßbaren, handlichen Gegensatz, der gegen eine andere Klasse, eine andere Rasse, eine andere Religion sich wendet [...] immer werden es die Parteigeister leichter haben, welche die ewig menschliche Unzufriedenheit in eine bestimmte Windrichtung jagen.« Aber noch gibt er die Hoffnung nicht auf: »Je mehr sich der Haß überschreit«, heißt es in einem Brief vom Januar 1933, »je irrwitziger die Parteiung wird, umso sicherer kommt der Ekel, der diese ewige Überfütterung mit vergifteten Worten nicht mehr erträgt.«

Zweigs Wohnung auf dem Salzburger Kapuzinerberg, 1919-1933

Zweigs Bibliothek in seiner Wohnung auf dem Kapuzinerberg mit Beethovens Schreibtisch

Trotz der bereits 1932 vom »Völkischen Beobachter« angekündigten Verbrennung seiner Bücher bleibt Zweig bis 1934 in Salzburg, im damals noch nicht annektierten Österreich, nicht aus politischer Unentschiedenheit und aus Mangel an Solidarität mit den bereits aus Deutschland emigrierten Kollegen, wie es ihm heute von manchen Vertretern der Exilliteraturforschung unterstellt wird. Sondern weil er es in seinem speziellen Fall – als Autor von Weltruf – für wichtiger hielt, abzuwarten, bis man von den Machthabern verboten wird, »statt freiwillig zu gehen [...] Damit ist vor der Welt bezeugt, daß in Deutschland nicht nur die Aggressiven unterdrückt werden, sondern daß auch jene [...] in deren Wesen die Aggression nicht lag, die Unabhängigkeit nicht bewahren durften.« (23.11.1933 an Klaus Mann)

Ähnlich wie der in der Schweiz lebende Hermann Hesse, der gleichfalls erst offiziell von den Nationalsozialisten verboten sein wollte, bevor er auch mit seinen Büchern ins Exil zu gehen beabsichtigte, wollte Zweig als Österreicher, solange es noch möglich war, seine oppositionelle Position bewahren, sich nicht freiwillig aus dem Staub machen und damit dem Propagandaministerium den unpopulären Schritt ersparen, einen der beliebtesten Schriftsteller zu verbieten. Er ließ sich nicht unter Zugzwang setzen, sondern setzte seinerseits die nationalsozialistische Kulturpolitik unter Zugzwang. Das zeigt die spektakuläre Affäre um sein von Richard Strauss vertontes Lustspiel »Die schweigsame Frau«, eine publizistische Blamage, die sich Goebbels und Hitler gerne erspart hätten.

Wie Hermann Hesse mit seinen systemkritischen Bücherberichten hatte sich auch Zweig durch seine eigenständige Haltung und Weigerung, sich mit den Kampfmethoden seiner militanten Exilkollegen zu solidarisieren, nun in ein Kreuzfeuer von zwei Seiten begeben, in das der Nationalsozialisten ohnehin, aber auch in das der Emigranten, die ihm, wie einst Luther dem Erasmus, vorwarfen, dass er »allenthalben auf Eiern gehe und keins davon zertreten« wolle.

Doch Stefan Zweigs Unvermögen, sich kämpferisch mit den Kollegen in Paris und Prag zu solidarisieren, hatte gute Gründe. Älter als viele Mitbetroffenen, hatte er bereits im Ersten Weltkrieg und danach durch seine historischen Studien immer wieder die Ohnmacht zersplitterter Aktionen erfahren. So schrieb er im Juli 1933 an Klaus Mann und die ganze Kolonie emigrierter Schriftstellerkollegen im südfranzösischen Sanary-sur-mer: Im letzten Krieg habe er erlebt, wie »800 wirkungslose Friedensvereine und 200 Friedensblättchen in den verschiedensten Ländern gegründet wurden, statt *einer* schlagkräftigen Organisation. Was Not täte, wäre *eine* große Zeitschrift, *eine* Zusammenfassung aller Verlage in einen, denn zusammen stellen die abgetrennten Autoren eine Weltmacht dar [...] es entsteht nun die Gefahr, daß wir durch einzelne Abschlüsse und Bindungen eigentlich *gegen*einander arbeiten, die wir durch gemeinsames Schicksal verbunden sind [...] ich glaube [...] wir hätten die Verpflichtung, jeder einmal zwei, drei Tage unsere Arbeit und Bequemlichkeit zu opfern und uns aus den Orten der Versprengung geeinigt in der Schweiz zu treffen [...] uns gegenseitig zu informieren und aufzuklären, vielleicht kleine Eifersüchteleien und Zwistigkeiten, die bewußt oder unbewußt zwischen uns bestehen, auszugleichen.« Klaus Mann fand diesen Vorschlag »einleuchtend«, sein Vater sogar »bestechend«. Leider hatte es damit sein Bewenden, und die Dinge nahmen ihren Lauf, geradeso wie Zweig es befürchtet hatte. Statt zum Dialog, Zusammenschluss und zu koordinierten Aktionen der Emigranten kam es zu Zersplitterung, eifersüchtigem Zwist und ideologischer Polarisierung in kommunistische und konservative Lager. Streitigkeiten, die den braunen Machthabern gerade das lieferten, was ihnen willkommen sein musste: »Wir finden es wunderschön«, jubelte daraufhin die NS-Zeitschrift »Das Schwarze Korps«, »wie die Emigranten sich untereinander, gleich verflohten Kötern an die Waden gehen.«

Sich an der wechselseitigen Zuspitzung der Aggressionen, diesem uralten *circulus vitiosus* der Gewalt, zu beteiligen war Zweigs Sache nicht. Hier zeigt sich die zeitlose Aktualität dieses Schriftstellers, der zu verbinden sucht, wo alles trennt, der differenziert, wo andere mit Schlagworten und Sündenböcken auskommen. Er ist zu alt und hat zu viel erlebt, um noch die naive Fortschritts- und Zukunftsgläubigkeit der kämpferisch Extrovertierten teilen zu können. Seine Moralität ist differenzierter, bei allem Verständnis für die Ungeduld der Jüngeren: »Es liegt im Wesen der Jugend«, schreibt er 1931 sogar noch im Hinblick auf die vom Faschismus fehlprogrammierte Jugend, »daß sie nicht zu Milde, zu Skepsis beraten zu sein wünscht. Jeder Zweifel wird ihr zur Hemmung, weil sie Gläubigkeit und Ideale braucht zur Auslösung ihrer inneren Stoßkraft. Und selbst der radikalste, der absurdeste Wahn wird ihr, sofern er sie nur befeuert, wichtiger sein als die erhabenste Weisheit, die ihre Willenskraft schwächt.« Er selbst bekämpft die Diktatur nicht auf tagespolitische, sondern auf nachhaltigere Weise, nicht im Verfassen und Unterzeichnen ohnmächtiger Manifeste, was ihm vorkommt, als werfe man ein Blatt Papier vor eine fahrende Lokomotive, sondern mit einem Werk über den Kampf des Gewissens gegen die Gewalt am Beispiel von Calvins theokratischer Terrordiktatur mit unübersehbaren Parallelen zu den Willkürmethoden aller Diktaturen, mit welchem weltanschaulichen Heiligenschein auch immer man sie zu rechtfertigen versucht.

Schon das Erasmus-Buch (1934) hatte der Insel Verlag in Deutschland nicht mehr herausbringen können. Es erschien, wie 1936 »Castellio gegen Calvin – Ein Gewissen gegen die Gewalt« und die meisten Bücher, die noch zu Zweigs Lebzeiten veröffentlicht wurden, bei Herbert Reichner, der, als Anton Kippenberg die Werke Zweigs nicht mehr zu verlegen wagte, für deren Publikation eigens in Wien einen Buchverlag gegründet hatte, einen auch in seiner übrigen Produktion avantgardistischen Verlag, der 1938 beim Einmarsch Hitlers in Österreich aufgelöst werden musste. Diese beiden Bücher, die zum Besten gehören, was von deutschen Emigranten gegen die Unterdrückung und jede Form politischer Bevormundung publiziert wurde, waren leider zur Zeit der Studentenrevolte in den späten sechziger und siebziger Jahren vergriffen. Was hätten sie ausrichten können gegen die in den Terror der RAF mündenden Weltverbesserungsillusionen! Zu den treffendsten Würdigungen des Castellio-Buches gehört ein Brief, den der im Pariser Exil lebende Schriftstellerkollege Ernst Weiß an Zweig geschrieben hat. »Man kann«, notiert Weiß am 25.5.1936, wenn man dieses Buch gelesen habe, »die Welt nicht mehr so sehen wie bisher. Sie greifen in das innerste Getriebe der Historie und der Tiefe der menschlichen Seele ein. Sie sind in diesem Buche zum erstenmal der große Erzieher geworden. Wenn heute Bücher überhaupt noch wirken könnten, müßte auf dieses Buch ein gewaltiger, welterschütternder Schrei kommen, von beiden Seiten. Eines erscheint mir sicher: Hätte man ein Buch wie dieses vor dem Machtantritt der Diktatoren (besonders in Deutschland) besessen, wäre es nicht so weit gekommen.«

Während die Erasmus-Biographie noch in Zweigs Salzburger Heim auf dem Kapuzinerberg verfasst wurde, entstand der »Castellio» größtenteils schon in England, wo Zweig von Ende 1933 bis Ende 1940 lebte, nachdem Beamte des Dollfuß-Regimes es für erfolgversprechend gehalten hatten, seine Salzburger Wohnung ausgerechnet nach geschmuggelten Waffen zu durchsuchen.

In London, auf seinen immer häufigeren Reisen und schließlich in Amerika erlebte Zweig das Elend der Geflohenen und Emigranten. Neben Hermann Hesse und Thomas Mann gibt es wohl wenige Schriftsteller, die wie Zweig mit vergleichbarer Effektivität und Diskretion ihren ganzen Einfluss, nicht unbeträchtliche Summen Geldes und einen so großen Teil der eigenen Arbeitszeit auf die Probleme ihrer hilfsbedürftigen Freunde, Kollegen und Bekannten verwandt haben. Ein Brief an Hermann Kesten ist unterschrieben mit: »Herzlichst Ihr Stefan Zweig, vormals Schriftsteller, nun expert in visas«. »Es gibt keinen zweiten Schriftsteller«, sagte damals Franz Werfel, »der mit ähnlicher Großmut und Freigiebigkeit seinen Kollegen geholfen hat wie er.« Gewiss hat ihm der Umstand, dass er gerade damals der meistübersetzte Autor der Welt war, wenigstens das Finanzielle dabei erleichtert, aber selbstverständlich für seinen Einsatz war es nicht. Seit dem Erscheinen der Briefe von Joseph Roth und der Werke von Ernst Weiß ist bekannt, was auch diese Autoren Stefan Zweig verdanken. Doch sollen hier nicht zahllose Namen aufgeführt werden. Stattdessen sei nur ein einziges Beispiel herausgegriffen: Als man Zweig 1940 in Argentinien feierte und ihm der Außenminister einen Empfang gab, erbat er sich, statt Ehrungen, argentinische Visa für deutsche Emigranten. – In einem seiner Briefe schreibt er kurz zuvor aus New York: »Die Hälfte meiner Zeit geht dafür auf, jenseits des Ozeans Affidavits, Permits, Reisegelder etc. zu beschaffen, und ich fürchte, Sie ahnen nicht, wie schwierig und ermüdend das ist. Wir, die wir jenseits der Gestapo sitzen, haben dies als erste Pflicht, und alles andere scheint mir im Vergleich dazu geringfügig.«

Von dieser Amerikareise ist Stefan Zweig nicht mehr nach Europa zurückgekehrt. Als dann, im Februar 1942, aus Brasilien plötzlich die Meldung von seinem Freitod eintraf, löste sie in der ganzen Welt Fassungslosigkeit und »in den Kreisen der Emigration eine ungeheure Bestürzung aus« (Carl Zuckmayer). Was war inzwischen geschehen? Was hatte diesen scheinbar so begünstigten und international renommierten Autor zu einem derart hoffnungslosen Entschluss getrieben? »Klar sehen und doch nicht verzweifeln«, hatte er noch 1941 dem Schriftsteller und Jugendfreund Felix Braun geschrieben, »das ziemt sich in unseren Jahren, nicht der Haschisch, den die Pariser Emigranten in ihren Zeitungen züchten [...] Mich hat das Schicksal mit einem unbestechlichen Auge und einem weichen Herzen geschlagen – diese Mischung ist entsetzlich, lieber Freund [...] Der Krieg ist grauenhaft nah und vielleicht begegnen wir einander bald in einem Konzentrationslager – ich persönlich [...] würde gierig das tödliche Gas in mich ziehen. Ich *will* keinen zweiten Krieg mehr sehen und überleben.«

Im September 1939 war es so weit. Mit dem Einmarsch deutscher Truppen in Polen begann der Zweite Weltkrieg. Zweigs englische Tagebuchaufzeichnungen der ersten Kriegsjahre sind erschütternd. Unter dem Eindruck von Hitlers pausenlosen Triumphen an der Ostfront, über Dänemark, Norwegen, Holland, Belgien und Frankreich, angesichts der Arglosigkeit von Zweigs englischen Nachbarn gegenüber den Erfolgen des britischen Faschistenführers Sir O.E. Mosley erscheint ihm die Lage immer aussichtsloser: »Ich leide schwer unter meiner vorausdenkenden Phantasie [...] der einzige Trostgedanke ist, daß man jeden Augenblick Schluß machen kann.«

Nun sieht er die Aufgabe, für die er sich vierzig Jahre lang eingesetzt hat, »die friedliche Vereinigung Europas«, als gescheitert an und vermerkt auf den letzten Seiten seiner Autobiographie: »Was ich mehr gefürchtet als den eigenen Tod, den Krieg aller gegen alle, nun war er entfesselt zum zweitenmal.« Und Zweig, der sich ein Leben lang um übernationale Brückenschläge im Menschlichen und Geistigen bemüht hatte, empfand sich nun, weil er sich dem Kampf und der Polemik verweigerte, zwischen allen Stühlen so »unnütz und allein wie nie in meinem Leben«.

Die Hochspannung von Hass, Verleumdung und Unverständnis, die er nicht gleichermaßen aggressiv abzureagieren und nach außen zu entladen vermochte, richtet sich nun immer bedrohlicher nach innen, gegen sich selbst. Diese »Unfähigkeit Haß mit Haß zu erwidern«, vermerkt er schon im November 1933 in einem Brief an den wesensverwandten Hans Carossa, »weiß ich jetzt als eine tiefe Gefahr, denn so wie der Weinende sich durch die Träne befreit, so der Hassende durch sein zuschlagendes Gefühl: er hat eine Waffe.« Er selbst aber quäle sich und habe »auf alle Geschehnisse bisher nur mit Bestürzung innerlich geantwortet, und daß ich es nicht anders tat, hat mir nur neue Gehässigkeit zugebracht«.

Im dritten Kriegsjahr, als noch immer kein Ende des Grauens absehbar war, das in seiner unmittelbarsten Form, in zahllosen Briefen, Hilferufen und Telefonaten aus aller Herren Länder, seinen Alltag bestimmte, war er – der sich wie kein Zweiter mit den Betroffenen identifizierte – am Ende seiner Kräfte. Als ihn zum Beispiel die Nachricht erreichte, dass bei der Versenkung eines transatlantischen Dampfers mit Emigranten glücklicherweise seine beiden Neffen gerettet werden konnten, verließ er in großer Erregung den Raum. Dem erstaunten Überbringer der Nachricht erklärte daraufhin seine Sekretärin Lotte, die er 1939 geheiratet hatte: »Stefan freut sich nicht über die Rettung seiner Verwandten, sondern ihn peinigt die Vorstellung der vielen anderen, die in der Katastrophe umgekommen sind.« Ernst Feder, seinem Freund und Nachbarn im brasilianischen Exil, erklärte er bei der Nachricht von einem »geglückten« Luftangriff auf Berlin: »Wissen Sie, ich kann da nicht mitmachen, wenn da jemand triumphierend sagt: Berlin ist aber tüchtig bombardiert worden. Und das Grauenvollste ist, in diesem Krieg gibt es doch gar keine Opposition gegen den Krieg als solchen, in keinem Land.« Gleichwohl entstand damals noch seine wohl packendste Erzählung, die »Schachnovelle«, in welcher er mit stupendem Einfühlungsvermögen die monatelange Isolierungsfolter eines Opfers der Gestapo dargestellt hat.

Ihm, dessen Triebfeder im Leben wie bei seiner Arbeit die Möglichkeit war, sich für das Gute zu begeistern, waren nun alle vitalen Impulse genommen. »Wie kann ich atmen, schlafen, essen«, sagte er zu Victor Wittkowski, der ihn Anfang 1942 in Petrópolis besuchte, »wenn ich weiß, daß die sinnloseste Zerstörung am Werke ist, daß tausende und abertausende unschuldiger Menschen von ihr dahingerafft werden. Schaffen heißt doch aufbauen, und wie kann ich etwas aufbauen, wenn ich zu gleicher Zeit die satanischste Vernichtung am Werke weiß! [...] So wenig wie in einem fahrenden Zug, kann man bei einem Welterdbeben richtig schreiben.«

Zwei Tage vor seinem Tod, nachdem gerade die Meldungen vom Fall Singapurs, der Vernichtung der japanischen Flotte und dem Vorstoß deutscher Truppen in Richtung Suezkanal eingetroffen waren, der Kriegseintritt Brasiliens in Reichweite schien und erneut anonyme Briefe brasilianischer Nationalsozialisten eingetroffen waren, schrieb er an Robert Neumann: »Wie im Ersten Weltkrieg überwältigt mich das Elend von Millionen Unschuldiger. Nichts schmerzt mich mehr, als daß man jahrelang machtlos gegen die Dummheit der Politiker war und nun hilflos deren Folgen gegenübersteht.«

Man fand ihn am 23. Februar 1942 mit seiner Frau in seiner Wohnung in Petrópolis, rua Gonçalves dias 34. Die dortigen Polizeiakten vermerken: »Die Beamten fanden einen Mann, auf dem Rücken liegend, völlig angekleidet [...] Dieser Tote ist der Schriftsteller Stefan Zweig, Österreicher von Geburt, vor wenigen Monaten Engländer geworden [...] sechzig Jahre alt; die Tote seine dreiunddreißigjährige Gattin, Elisabeth Charlotte, geborene Altmann. Der Polizeiarzt bestätigte, daß der Tod zwischen zwölf und vier Uhr nachmittags eingetreten sein müsse. Sie hatten Veronal genommen [...] Man fand sie im Schlafzimmer, mit friedlichen Zügen, wie schlafend [...] Mit einer Reinlichkeit ohnegleichen hatten sie die Welt verlassen. Die Abschiedsbriefe waren frankiert, die Bleistifte auf Zweigs Schreibtisch angespitzt, ein Schriftstück für das Stadtoberhaupt von Petrópolis, mit ›Declaraçao‹ überschrieben [...] es sprach den Dank für die Gastfreundschaft aus. In der Nähe befand sich ein Kuvert mit der Aufschrift ›Verfügungen, meinen Hund betreffend‹.«

»Es sah mehr nach einer gründlichen Reisevorbereitung als nach einem Selbstmord aus«, berichtet der Schriftsteller Raul de Azevedo. »Er erhielt ein Begräbnis, wie es niemals ein Fremder in Brasilien gehabt hatte, auch wohl kein einheimischer Schriftsteller [...] Alle Geschäfte waren geschlossen; auf den Straßen drängten sich die weißen, schwarzen und roten Menschen. Der Leichenzug wogte von Blumen [...] vorbei an dem Präsidenten der Republik, an den Ministern, Generälen, an den Schulen, die Spalier bildeten, an den Universitätsprofessoren, den Dichtern, Malern und Komponisten wurden die Särge zum Friedhof geführt.

›Wenn er nur ein wenig eitler gewesen wäre‹, klagte an seinem offenen Grabe Carneiro, der Präsident der Akademie der Wissenschaften, ›es hätte ihn gewiß retten können‹ [...]«

Wie viele Schriftsteller, die sich im Exil zu behaupten hatten, erlebte auch Thomas Mann die politischen Freitode von Kollegen wie Tucholsky, Toller, Ernst Weiß, Hasenclever, Walter Benjamin und zuletzt Stefan Zweig als entmutigende Kapitulation, ja im ersten Augenblick sogar als unkollegiale Flucht vor dem gemeinsamen Feind. Im September 1942 schrieb er an Zweigs erste Frau Friderike: »Der Verewigte war ein Mann von unbedingter und radikaler pazifistischer Anlage und Überzeugung. In dem gegenwärtigen Kriege, den man herbeisehnen mußte […] hat er nie etwas anderes gesehen als eben einen Krieg, ein blutiges Unglück und eine Verneinung seines Wesens. Er hat Frankreich dafür gepriesen, daß es nicht kämpfen wollte und dadurch ›Paris gerettet‹ hat. Er wollte in keinem kriegführenden Lande leben, verließ, als britischer Bürger, England und ging in die Vereinigten Staaten, ging von hier nach Brasilien, wo er aufs höchste geehrt wurde. Und als es sich zeigte, daß auch dieses Land in den Krieg gezogen werden würde, ging er aus dem Leben. Das hat eine Konsequenz, die sich jeder Kritik entzieht. Man kann nicht mehr tun, als seine Natur und Überzeugung mit dem Tode besiegeln. Der Tod ist ein Argument, das jede Widerrede niederschlägt.«

Der 22-jährige Stefan Zweig

»DIE TAT BEGINNT IMMER MIT DEM TRAUM«

Hermann Hesse und Stefan Zweig

Hermann Hesse

als einen kleinen Gruss
grosser Liebe

Stefan Zweig

Der Briefwechsel Hermann Hesses mit dem vier Jahre jüngeren Stefan Zweig umfasst eine Zeitspanne von 35 Jahren und ist neben seiner 45 Jahre dauernden Korrespondenz mit Thomas Mann der wohl kontinuierlichste Austausch, der ihn mit einem namhaften Schriftstellerkollegen verband. Ungewöhnlich daran ist, dass Hesse, der ja lieber mit Musikern und Malern als mit Literaten verkehrte, den Kontakt zu Stefan Zweig in Wien sogar begonnen hat, während er sich sonst in der Regel umgekehrt verhielt und die Autorenkollegen eher auf ihn zugekommen sind. Das mag damit zusammenhängen, dass Hesse im Januar 1903, als er Stefan Zweig in seinem ersten Brief um dessen kurz zuvor erschienene Anthologie von Gedichtübertragungen des französischen Symbolisten Paul Verlaine bat, noch ganz am Anfang seiner schriftstellerischen Laufbahn stand und damals noch nicht ein vielbegehrtes und vom Kulturbetrieb umworbenes Nachwuchstalent war. Hinzu kam, dass er in Zweig einen Sympathisanten für Paul Verlaine, seinen damaligen Lieblingsdichter, gefunden hatte, dessen Verse »Les sanglots longs« er am höchsten schätzte. Aus Wahlverwandtschaft mit dem vagabundenhaft unbürgerlichen Leben des erst sieben Jahre zuvor verstorbenen Franzosen hatte Hesse in Basel einen »Club der Entgleisten« gegründet und dessen Vereinsbuch »Unserem toten Bruder Verlaine« gewidmet. Als Gegengabe für die erbetenen Verlaine-Übersetzungen legte er Stefan Zweig ein Exemplar einer eigenen Lyriksammlung bei. Es war das 1902 im Berliner Grote Verlag erschienene Bändchen »Gedichte«, in dessen Kapitel »Buch der Liebe« Hesses Übersetzung eines Verlaine-Gedichtes (»Mein liebster Traum«) stand. Zweig antwortete umgehend und enthusiastisch, wie es seine Art war, wann immer er persönliche Verbindungen mit Künstlerkollegen anknüpfen konnte. Erstaunlich und für Zweigs Aufmerksamkeit bezeichnend ist, dass ihm der damals noch fast namenlose Hesse, der als Antiquar mit einem Gehalt von 110 Franken mehr schlecht als recht im fernen Basel lebte, durch einzelne in Zeitschriften veröffentlichte Gedichte schon aufgefallen war, und nicht minder bemerkenswert ist, dass auch Hesse die erste Veröffentlichung Stefan Zweigs, den Gedichtband »Silberne Saiten«, bereits besaß, hatte er doch zwei Jahre zuvor in Basel einen Vortrag über die wichtigsten zeitgenössischen Lyriker gehalten und dabei auch auf den kaum 20-jährigen Studenten aus Wien hingewiesen.

Gleich in den ersten Briefen treten die Unterschiede ihrer Herkunft und ihres Naturells deutlich zutage. Im Gegensatz zu Hesse, dem Missionarssohn aus eher bescheidenen und provinziellen Verhältnissen, der die Schule mit der mittleren Reife abgebrochen und nach anderthalbjähriger Schlosserlehre eine Ausbildung als Buchhändler begonnen hatte, war die Entwicklung Stefan Zweigs, der als Sohn eines Textilfabrikanten in der Weltstadt Wien aus vermögenden Verhältnissen stammte, deutlich undramatischer verlaufen. Obwohl auch Zweig sich, wie der junge Hesse, von Anfang an zum Schriftsteller berufen fühlte, kam es bei ihm zu keinem Konflikt mit den Erwartungen der Eltern. Fahrplanmäßig und mit guten Zeugnissen hatte Zweig das Gymnasium absolviert und studierte nach dem Abitur bis zu seiner Promotion in Wien und Berlin Philosophie und Literaturgeschichte. Danach tolerierten seine Eltern die literarischen Ambitionen ihres Sohnes, zumal sein zwei Jahre älterer Bruder Alfred bereit war, die väterliche Firma fortzuführen. Schon damals war es dem weltoffen-begeisterungsfähigen Naturell des Studenten geglückt, vielfältige Kontakte zu bekannten Künstlern zu knüpfen, obenan Johannes Brahms, der ein Gedicht des 20-Jährigen vertonte. Eine respektable Liste, die er gleich in seinem ersten Brief an Hesse auch noch um ausländische Kapazitäten erweitern konnte, mit denen er entweder befreundet war oder in Schriftverkehr stand. Hesse dagegen war ungleich weniger kontaktfreudig und kehrte auf das Namedropping von Zweigs erstem Brief den Naturburschen heraus, indem er ihm zu verstehen gab, dass er die Geselligkeit mondäner Künstlerkreise lieber meide, wo man sich mit gewählten Worten und Handschuhen bewegen müsse. Seine Liebe dagegen gelte der freien Natur und der Lektüre, vornehmer Gesellschaft ziehe er das Vagabundieren und den Verkehr mit einfachen Leuten vor. Er hätte Zweig auch sein kurz zuvor entstandenes Gedicht »Soirée« senden können, worin es heißt: »Man hatte mich eingeladen, / Ich wußte nicht warum; / Viel Herren mit schmalen Waden / Standen im Saal herum. / Es waren Herren von Namen / Und von gewaltigem Ruf, / Von denen der eine Dramen, / Der andre Romane schuf. / Sie wußten sich flott zu betragen / Und machten ein groß Geschrei. / Da schämte ich mich zu sagen, / Daß ich auch ein Dichter sei.«

Stattdessen legte Hesse seiner Antwort die »Hinterlassenen Schriften und Gedichte von Hermann Lauscher« bei, eines angeblich früh verstorbenen befreundeten Dichters, als dessen Nachlassverwalter Hesse sich ausgab. Dass er selber der Verfasser dieses Bändchens war, hat Stefan Zweig denn auch gleich gewittert und seinem Kollegen beteuert, wie verwandt er sich ihm fühle, da man sich ja auch in der Großstadt fremd vorkommen könne und er selbst keineswegs ein Wiener Kaffeehausliterat sei. Auch er halte sich lieber an die paar Stillen im Lande und versuche im Übrigen, den Erwartungen seiner Eltern gerecht zu werden, um so schnell wie möglich die Promotion hinter sich zu bringen. 1903, als Hesse erstmals an Zweig schrieb, hatte er seinen ersten Roman, »Peter Camenzind«, an den Fischer Verlag nach Berlin geschickt, der das Manuskript sofort akzeptierte. Einer der Ersten, die ihn dazu beglückwünschten, war wiederum Stefan Zweig. Er sagte dem »Camenzind« schon nach der Lektüre des gekürzten Vorabdrucks »unzählige Auflagen« voraus.

Zweigs Erfolgsprognose begann sich rasch zu bewahrheiten, da Hesse schon wenige Wochen nach Auslieferung des Buches so bekannt war, dass sich nicht nur die Zeitungen, sondern auch andere Verleger für ihn interessierten. So schrieb er auf Einladung des Berliner Verlages Schuster & Loeffler zwei Monographien über Boccaccio und Franz von Assisi, die im April und Juli 1904 erschienen sind. Bis dahin hatte der »Peter Camenzind« schon die vierte Auflage erreicht und Hesses finanzielle Lage sich so weit verbessert, dass er daran denken konnte, Maria Bernoulli, die erste Berufsfotografin der Schweiz und Tochter eines Basler Rechtsanwalts, zu heiraten. Im August übersiedelten sie an den stillsten und damals unzugänglichsten Teil des Bodensees und ließen sich in einem alten Bauernhaus nieder, das für eine Jahresmiete von 150 Mark zu haben war.

Inzwischen hatte Stefan Zweig den »Peter Camenzind« in Wien auf eine herzliche Weise besprochen und dabei das Charakteristische hervorgehoben: die Naturnähe und herbe Schüchternheit, die diesen Menschentyp von den glatten, geschmeidigen Weltbürgern unterscheidet, und seine charismatische Natur- und Weltliebe.

Während Zweig nach seiner Promotion über die Philosophie des Hippolyte Taine für ein halbes Jahr nach Paris, Belgien, Italien, Spanien und danach für vier Monate nach London reiste, hatte Hesse eine Familie gegründet, war sesshaft geworden, um nun selber, fern aller Zivilisation, die naturverbunden-alternative Existenzform seines »Peter Camenzind« auszuprobieren. »Ihr stilles Leben neide ich Ihnen fast«, schrieb ihm Zweig im September 1904, »um so mehr als ich dieses Jahr gerade ins Brausendste hinein will: nach Paris.« Bei dieser unruhigen und weltläufigen Agilität sollte es für ihn zeitlebens bleiben. Extrovertiert, wissbegierig und mobil, wie er war, musste ihm Hesses Zurückgezogenheit und Reserviertheit gegenüber dem Kulturbetrieb befremdlich vorkommen. Zweig, der kurz zuvor dem Balladendichter Börries von Münchhausen mitgeteilt hatte, dass die Fotografie eines Dichters in einer Illustrierten einen Autor bekannter mache als zehn Artikel in Literaturzeitungen, wunderte sich über Hesses Scheu vor solchem Exhibitionismus und seine Weigerung, sein Bild verbreiten zu lassen. Sogar den eigenen Verleger S. Fischer, der in Verlagsanzeigen ein Foto von Hesse veröffentlichen wollte, hatte er damals wissen lassen, dass sein Aussehen das Publikum überhaupt nichts angehe und man sich dabei vorkomme wie ein öffentlicher Garten, wo keine Ecke mehr privat sei. Auch Fischer staunte nicht schlecht über ein solch ungewöhnliches Veto und führte ins Feld: »die Autoren meines Verlages, deren Portrait ich nicht abdrucke, fühlen sich vernachlässigt«. Deshalb gibt es so wenige Fotos aus Hesses Frühzeit. Erst Jahrzehnte später ist er in diesem Punkt nachgiebiger geworden.

Im Oktober 1904 erschien Stefan Zweigs erster Prosaband mit vier Novellen, benannt nach der Eingangsgeschichte »Die Liebe der Erika Ewald«. Hesses empfehlende Besprechung, die kurz darauf in einer Leipziger Zeitschrift veröffentlicht wurde, umschreibt auf positive Weise, was er dem Kollegen einen Monat zuvor brieflich mitgeteilt hatte. Ihm waren diese Erzählungen, die er eher für Seelenstudien als für Novellen hielt, noch zu zaghaft im Umriss. Stimmungsbilder und psychologisierendes Räsonnement würden die Handlung zu sehr in den Hintergrund drängen. Man wünsche sich »gelegentlich ein keckeres Zugreifen, eine gröbere, kühnere Hand«.

Was in diesen ersten und bis auf den heutigen Tag nie mehr nachgedruckten Erzählungen Zweigs die Aufmerksamkeit des Lesers mitunter bremst, ist das Manko, dass hier noch zu viele Worte um zu wenig Handlung und Aussage gemacht werden. Doch »die naive robuste Freude und Kraft des großen

Erzählers«, die Hesse in diesen frühen Versuchen vermisste, ließen bei Zweig nicht lange auf sich warten und führten bald zu einer Intensivierung des Stofflichen und Dramatischen, die Hesse nun wieder für überzogen hielt und die seine Zurückhaltung gegenüber Zweigs späteren Novellenbänden erklärt, von denen er keinen einzigen besprochen hat, wenngleich er einzelne Erzählungen wie »Brennendes Geheimnis« oder »Die unsichtbare Sammlung« durchaus schätzte.

Im Juni 1905 kam es endlich zur ersten, in ihren Briefen immer wieder herbeigewünschten persönlichen Begegnung. Von Konstanz aus, wo Zweig den Schriftsteller Wilhelm von Scholz getroffen hatte, machte er einen Abstecher zu Hesse an den Bodensee nach Gaienhofen. Noch Jahrzehnte später, in seinem Rückblick »Beim Einzug in ein neues Haus«, erinnert sich Hesse an diesen Besuch und das Missgeschick, mit dem das ansonsten heitere Zusammensein begann. Mit dem ihm eigenen Enthusiasmus hatte Zweig das Arbeitszimmer Hesses im ersten Stock des Bauernhauses so temperamentvoll betreten, dass er den niedrigen Türbalken übersah und sich dabei derart schwungvoll den Kopf anstieß, dass er sich erst einmal eine Viertelstunde hinlegen musste, bis er wieder ansprechbar war.

Das nächste Mal haben sie sich in Wien wiedergesehen, wo Hesse im Oktober 1908 zwei Vortragsabende zu bestreiten hatte. Laut Presseberichten waren die Veranstaltungen überfüllt und die sich anschließende Geselligkeit mit Zweigs Freunden und Künstlerkollegen für Hesse so anstrengend, dass er sein Quartier in der lärmerfüllten Innenstadt verließ und zwischendurch für zwei Tage auf den Semmering floh, um sich von den Turbulenzen zu erholen.

In den Jahren danach bis 1910 scheint der Kontakt mit Stefan Zweig eher sporadisch und danach vollends eingeschlafen zu sein, bis er 1915 unter dem Druck der Zeitgeschichte wieder auflebte. Auf den Ausbruch des Ersten Weltkriegs haben die beiden ganz ähnlich reagiert. Beide spielten sie zunächst mit dem Gedanken an einen Sanitätsdienst und begrüßten in ihren während der ersten Kriegsmonate geschriebenen Briefen anfangs positiv auf das Zeitgeschehen. »Aus dem blöden Kapitalistenfrieden herausgerissen zu werden«, schrieb Hesse im Dezember 1914, »tat vielen gut, gerade auch in Deutschland, und für einen echten Künstler, scheint mir, wird ein Volk von Männern wertvoller, das dem Tod gegenüber gestanden hat und die Frische des Lagerlebens kennt. Darüber hinaus aber verspreche ich mir wenig vom Krieg und ein erneutes Hurrawesen wird ja wohl nicht ausbleiben.« Zweigs Beifall dagegen galt der Solidarisierung Österreich-Ungarns mit Deutschland und der Möglichkeit, dass durch diese »Schwertbruderschaft« aus der freundlichen Nachbarschaft nun endlich auch eine politische Einheit werden könne.

In merkwürdigem Gegensatz zu seinen ersten öffentlichen, also seinen journalistischen Reaktionen auf den Krieg mit Äußerungen wie: alles, »was in mir deutsch ist, überflutet mein Empfinden«, stehen Zweigs Tagebuchaufzeichnungen. Schon im April 1914 hatte er dort notiert: »Ich glaube an keinen Sieg gegen die ganze Welt – jetzt nur schlafen können, sechs Monate – […] diesen Untergang nur nicht erleben, dieses ganze Grauen. Es ist der entsetzlichste Tag meines ganzen Lebens.« Und Hesse vermerkt im August 1914, zwei Tage bevor er sich zum freiwilligen Kriegsdienst meldete, doch wegen seiner Kurzsichtigkeit abgelehnt wurde, ebenfalls in seinem Tagebuch: »Seit langem wußte ich, daß es keineswegs die Vernunft ist, die die praktische Welt regiert, aber die Brutalität des Krieges und das fast völlige Versagen der vernünftig-friedlichen Kulturkräfte ist doch überaus traurig.«

Als die Korrespondenz zwischen den beiden wieder einsetzte, hatten ihre Zweifel am Sinn des Gemetzels deutlich zugenommen. Bei Hesse begannen sie etwas früher als bei Stefan Zweig, während die meisten ihrer Schriftstellerkollegen noch immer »Krieg auf Sieg reimten«. Ein halbes Jahr nach seinem ersten journalistischen Aufruf, »O Freunde, nicht diese Töne«, vom Oktober 1914 hatte Hesse in Bern eine Zentrale für deutsche Kriegsgefangenenfürsorge gegründet, um von dort aus bis April 1919 Hunderttausende von Internierten statt mit patriotischer Tendenzliteratur mit einem Lesestoff zu versorgen, der nicht nur ihr Los erleichtern, sondern sie nach dem Krieg auch auf einen konstruktiven Neubeginn vorbereiten sollte. Zweig dagegen war von November 1914 bis Oktober 1917 gemeinsam mit Alfred Polgar, Rainer Maria Rilke, Franz Werfel und anderen für das Wiener Kriegsarchiv und Pressequartier tätig, wo er sich auf eine Berichterstattung einließ, die »niemanden in seiner gesteigerten Vaterlandsstimmung verletzt und doch meine innere Gesinnung nicht verleugnet«, wie er im Dezember 1914 schrieb. 1915, als Berichterstatter erstmals an die Front nach Galizien geschickt, änderten sich Zweigs idealisierende Kommentare zum Zeitgeschehen, und er beginnt mit der Konzeption des »Jeremias«, des ersten deutschen Dramas, das eine unmissverständliche Absage an die Gewalt enthielt. Auf Hesses Äußerung: »Es ist mir nicht gelungen, mich dem Kriege literarisch anzupassen. Es ist meine Hoffnung, Deutschland möge weiterhin der Welt nicht bloß mit den Waffen imponieren, sondern mit den Künsten des Friedens und mit der Betätigung einer übernationalen Humanität«, war 1915 gegen ihn in den deutschnationalen Blättern eine Pressekampagne ins Rollen gekommen.

Ähnlich erging es dem französischen Schriftsteller Romain Rolland mit seinem Plädoyer zur Völkerversöhnung »Au-dessus de la mêlée« 1915 in Frankreich. Darin hatte er sich mit Hesses Aufruf »O Freunde, nicht diese Töne« solidarisiert und ihn daraufhin zweimal in Bern besucht. Zweig, der mit Rolland bereits seit 1910 in freundschaftlicher Verbindung stand, unterrichtete Rolland von den Angriffen auf Hesse, erfreut darüber, nun einen dritten pazifistischen Bundesgenossen gefunden zu haben. Rolland, der den ihm 1915 verliehenen Literaturnobelpreis dem Internationalen Roten Kreuz zur Verfügung stellte, engagierte sich schon seit dem Oktober 1914 ehrenamtlich in der Genfer Rotkreuz-Zentrale für die Suche nach Vermissten aller Nationen und die Nachrichtenübermittlung zwischen den Kriegsgefangenen und ihren Angehörigen in der Heimat.

Trotz der Sympathiebekundungen Rollands und Zweigs war Hesse im Verlauf der gegen ihn gerichteten Zeitungsangriffe als »Vaterlandsverräter« und »Gesinnungslump« immer depressiver geworden, auch weil ihm seine Tätigkeit für die Kriegsgefangenen keine Zeit mehr ließ, derlei Verletzungen wie sonst auf künstlerische Weise zu bewältigen. Um wieder ins Lot zu kommen, blieb ihm nichts anderes übrig, als sich 1916 auf eine Psychoanalyse einzulassen. Auf Empfehlung seines Therapeuten hatte er zu malen begonnen und sich damit ein neues Ausdrucksmittel erschlossen, das sich in den folgenden Jahrzehnten als außerordentlich hilfreich erwies, um auch künftige Krisen zu überwinden.

Im Oktober 1917, kurz nachdem Hesse den »Demian« geschrieben hatte, wurde Stefan Zweig von seinem Dienst im Wiener Kriegsarchiv beurlaubt und konnte in die Schweiz reisen, wo er zu Lesungen nach Zürich, Bern und Basel eingeladen war. Die Buchausgabe seines im Insel Verlag erschienenen pazifistischen Dramas »Jeremias« fand erstaunlich guten Absatz, doch wollten weder die deutschen noch die österreichischen Bühnen vor Kriegsende eine Aufführung wagen. Einzig das Stadttheater Zürich hatte sich dazu bereit erklärt. Auf der Reise zur Uraufführung besuchte er Hesse in Bern und vermerkte im November 1917 in seinem Tagebuch:

»Nach Tisch bei Hermann Hesse. Er wohnt eine Stunde von der Stadt in einem einfachen alten Bauernhaus ohne allen Comfort. Sein Zimmer fast nur Bücher, der Hausrat eng und fast ärmlich. Sein Gesicht ist scharf geworden, halb knabenhaft und doch wie das eines alten feinen Gelehrten. Ein Holbeingesicht, deutsch, scharf, klug. Er spricht aber wie ein Schweizer. In zwei Minuten sind wir ganz beieinander. Er erzählt mir, daß er (wie ich) alle die Dinge vom Gewissen aus überdacht habe, nicht von der Utilität. Auch er gegen die Öffentlichkeit, auch er erfüllt vom Ekel vor der Publizität. Angewidert vom Geschwätz, mißtrauisch gegen viele frühere Freunde, lebt er ganz eingezogen. Zu seinem Trost hat er mit der Malerei begonnen: Ein sehr hübsches Blatt macht er mir zum Geschenk. Merkwürdig, wie wir in allen Urteilen übereinstimmen: mit einer gewissen erlesenen Sorte Menschen habe ich jetzt nie mehr Meinungsstreit. Anscheinend ist ab einer erreichten moralischen Höhe für alle das Gleiche offenbar. Man muß sie nur erreicht haben. Langes Gespräch über die jüngste Kunst. Ihn frappiert die Gleichzeitigkeit ihres Auftretens (er vergleicht sie mit einer Naturerscheinung), ich erkläre sie ihm als Kulturerscheinung, als Geschwindigkeitserscheinung der modernen Übermittlung. Wie ja alle Moden jetzt rapider sich verbreiten, es gibt keine Provinz mehr. Ich fühle mich eins mit diesem Menschen, der sich um Gerechtigkeit bemüht, und auch hier ist mein Abschied ein ganz inniger und freundschaftlicher.«

Anfang Mai 1919 hatte Zweig mit Friderike von Winternitz, die er im Januar 1920 heiraten sollte, ein eigenes Heim auf dem xer Kapuzinerberg bezogen, während Hesses Ehe durch eine schwere Erkrankung seiner Frau, die von 1918 bis 1925 immer wieder in psychiatrischen Kliniken interniert werden musste, zunehmend problematischer wurde. Im April 1919 entschloss er sich, den Berner Haushalt aufzulösen, die

Kinder bei Freunden in Pflege zu geben und ins Tessin zu übersiedeln, um in einem abgelegenen Dorf unweit von Lugano einen Neuanfang zu riskieren. Um dies auch nach außen kundzutun, wollte er seine künftigen Bücher unter einem anderen Namen veröffentlichen, beginnend mit dem im Juni 1919 erschienenen »Demian«. »Denn der diese Dichtung schrieb«, teilte Hesse im Juli 1920 einem Journalisten mit, »war nicht ich, war nicht Hesse, der Autor soundso vieler Bücher, sondern ein anderer Mensch, der Neues erlebt hatte und Neuem entgegenging.« Doch die Aufdeckung des neuen Namens Emil Sinclair, ein Jahr nach Erscheinen des Buches, sollte ihm einen Strich durch diese Pläne machen. Solche Regungen waren auch Zweig vertraut. Zehn Jahre später schrieb Zweig an seinen Schriftstellerfreund Joseph Roth: »Ich hasse die Öffentlichkeit und bereue nichts mehr, als unter meinem Namen geschrieben zu haben: das wahre Leben ist ein Doppelleben. Nur vom Anonymen aus sieht man die Welt wie sie in Wirklichkeit ist.«

Neuem entgegen ging nun auch er. Die folgenden vierzehn Jahre bis zur Machtergreifung des Nationalsozialismus waren für Zweig außerordentlich fruchtbar. Es war die Zeit seiner großen Erfolge. Er verdankte sie den Erzählbänden »Amok« (1922) und »Verwirrung der Gefühle« (1927), den »Sternstunden der Menschheit« (1927), Biographien über Romain Rolland (1920), Joseph Fouché (1929) und Marie Antoinette (1932), mehreren Bühnenwerken, vor allem seinem erfolgreichsten, mehr als fünfhundertmal aufgeführten Lustspiel »Volpone« (1926). Hinzu kamen die Essaybände »Drei Meister« (1920), »Der Kampf mit dem Dämon« (1925), »Drei Dichter ihres Lebens« (1928), »Heilung durch den Geist« (1931) mit biographischen Porträts u. a. über Balzac, Dickens, Dostojewski, Hölderlin, Kleist, Nietzsche, Casanova, Stendhal, Tolstoi, Mesmer und Sigmund Freud. Sie sollten moralische

Fixpunkte sein, um zu zeigen, dass geistige und künstlerische Leistungen sich gegen die wechselnden Parolen der Zeit immer wieder durchsetzen und uns hinweg helfen über die Torheit und den Widersinn der Gegenwart. Auch sein Engagement als Übersetzer und Vermittler zwischen den europäischen Kulturen setzte sich fort mit Editionen von und über André Suarès, Rousseau, Rolland, Barbusse, Sainte-Beuve, Chateaubriand, Renan, J. P. Jacobsen, Schalom Asch, Verlaine, Maxim Gorki und nicht zuletzt mit der Gründung einer »Bibliotheca mundi« im Insel Verlag, einer von ihm betreuten Buchreihe mit Werken der Weltliteratur in Originalsprachen.

Während die thematische Palette in Hesses Nachkriegswerken vergleichsweise begrenzt ist und er seine eigenen Erfahrungen in Form von »Seelenbiographien« mit zunehmender Selbstkritik und Schonungslosigkeit darstellt, ist das Spektrum von Zweigs Stoffgebiet ungleich weiter und welthaltiger. Er war leidenschaftlicher Fahnder nach bisher unerschlossenen Lebenszeugnissen von Personen, die Weltgeschichte gemacht haben, und Besitzer der bedeutendsten privaten Autographensammlung seiner Zeit (Zweigs Sammlung umfasste etwa tausend Manuskripte von Persönlichkeiten, die ihn faszinierten, und Werkhandschriften von Autoren der Vergangenheit und Gegenwart, über die er schrieb). Dabei forschte er mit unersättlicher psychologischer Neugier nach den Antrieben ihres Handelns und verstand es, suggestiv wie kein anderer, die meist von Geltungssucht und Habgier bestimmten Katastrophen der Geschichte zu durchleuchten wie auch die biographischen Hintergründe, aus denen die Gegenwelt unserer kulturellen Errungenschaften hervorgegangen ist.

Diese Umtriebigkeit, das rastlose Erforschen und Darstellen fremder Schicksale und Zweigs atemlose Produktivität, war dem Naturell Hesses eher entgegengesetzt, zumal dann, wenn sie auf Kosten des Stilistischen ging. In diesem Punkt waren nicht nur er, sondern auch andere Autorenkollegen wie Thomas Mann oder der unerbittliche Sprachkritiker Karl Kraus empfindlich. Zweig wusste um diese Schwäche, wie aus einem Brief vom Mai 1926 hervorgeht, worin er Publizisten kritisiert, die »von ihrem Stoff über sich selbst hinausgerissen werden (wie ein gewisser St. Z. zum Beispiel)«. Gleichwohl konnte er auch künftig diesen Überschwang nur schwer zügeln.

Zweig habe, antwortete Hesse 1942 auf den Brief eines Literaturkritikers, »eine Menge Bücher mit schneller Geschicklichkeit und schlechtem Deutsch geschrieben«, in einem »atemlosen und mühsam-prächtigen Journalistenstil«. Auch seine »gut auf Wirkung gearbeiteten ›Sternstunden der Menschheit‹« empfand Hesse als »Scheindichtungen«, ja geradezu als »Karikaturen von Dichtung«, wie er im November 1931 einer Studentin mitteilte.

Hier bin ich etwas anderer Meinung als Hesse. Denn wer sich einmal die Mühe macht, die Schwachstellen von Zweigs Darstellungsweise genauer zu untersuchen, wird feststellen, dass sie unlösbar mit Qualitäten zusammenhängen, wie sie nur wenige Autoren zu bieten haben. Fast alle diese Mängel lassen sich auf dieselbe Ursache zurückführen: auf eine Neigung zur Überdeutlichkeit, auf das Bedürfnis, seine Aussage möglichst unmissverständlich jedermann begreiflich und nachvollziehbar zu machen. Daher die überscharfen Konturen, die mit- und emporreißenden Vereinfachungen, die das Publikum keineswegs so stören wie den Feinschmecker, dem mitunter ein Piano genügt hätte, wo Zweig ein Fortissimo setzt. So verliert zum Beispiel seine immer wieder und bevorzugt zur Charakterisierung bedeutender Pioniere benutzte Formulierung »nie ist mehr gelitten worden«, um die produktive Kraft des Schmerzes als Entstehungsbedingung ihrer Taten aufzuzeigen, bei allzu häufiger Verwendung ihre Stringenz. Aber was sind diese ja immerhin die Durchschlagskraft und Verständlichkeit seiner Aussagen befördernden Wiederholungen und Dramatisierungen im Vergleich zur Fülle und Vielfalt dessen, was dieser Autor wahrzunehmen und darzustellen vermag! Wie verschwinden sie, gemessen an der grenzüberschreitenden Weite des Horizontes eines Menschen, der nicht nur sein Europa, sondern die ganze Welt bereist hat, verbunden mit einem Einfühlungsvermögen in die verborgensten Antriebe der menschlichen Psyche. Welcher Schriftsteller vermag es, wie Stefan Zweig, die Vergangenheit auf so packende Weise zu vergegenwärtigen? Wem glückt es, vergleichbar viel Emotionalität auszudrücken, ins Bewusstsein zu übersetzen und damit ihre Dämonien in Schach zu halten? Wer versteht es, das Gute und Wünschenswerte, also die Wege zu einer Humanisierung des Menschen, ähnlich wirkungsvoll aufzuzeigen wie Stefan Zweig? An geistreichen Analysen der Zeit und scharfsichtigen Vorwegnahmen einer deprimierenden Zukunft fehlt es ja nicht in der Literatur. Woran es aber fehlt, sind motivierende Impulse, die uns herausführen aus der Misere, Vorbilder einer menschlichen Integrität, die keine Trennung mehr zulässt zwischen Denken und Handeln. Hierin, also in der Hauptsache, sind Hesse und Zweig konform, und nie hat Hesse diese ihre Gemeinsamkeiten in Frage gestellt.

In einem 1936 geschriebenen Selbstporträt bringt Zweig sie auf einen kurzen Nenner: »Seit dem Kriege habe ich es als meine moralische Pflicht empfunden, nur noch in einer Richtung zu schreiben, nämlich derjenigen, die unserer Zeit hilft, sich positiv weiterzuentwickeln: durch Verdeutlichung des Vergangenen als Mahnung an die Gegenwart – denn ich glaube, dass allein *die* Anstrengung als wertvoll gelten kann, die die Einigkeit unter den Menschen fördert und das gegenseitige Verständnis zwischen den Völkern vertieft.«

Dies zu bestärken, dazu haben Zweig und Hesse nicht nur mit ihren eigenen Büchern beigetragen, sondern ebenso durch

Würdigungen ihrer in- und ausländischen Gesinnungsgenossen. Auf das Empfehlen guter Bücher verwandte Hesse etwa ein Viertel seiner Arbeitsenergie, was sich in fünf (4500 Seiten umfassenden) Bänden mit Buchbesprechungen niedergeschlagen hat. Ähnliches gilt für Stefan Zweigs Einsatz als Übersetzer, Herausgeber und Vermittler. Dass sein Einfluss demjenigen Hesses wohl kaum nachsteht, wird sichtbar werden, sobald endlich einmal auch alle *seine* in Zeitungen und Zeitschriften erschienenen Würdigungen von Autorenkollegen gesammelt und in Buchform erschlossen sein werden.

Zu den Höhepunkten in der Beziehung zwischen Hesse und seinem österreichischen Kollegen gehört Zweigs 1922 veröffentlichter Essay »Der Weg Hermann Hesses«. Mit wesensverwandtem Einfühlungsvermögen verfolgt er darin die Entwicklungsschübe, die den württembergischen Missionarszögling aus seiner alemannischen Heimatverbundenheit hinaus ins Überregionale, Allgemeingültige geführt haben. Treffend vergleicht er Hesses spätromantische Anfänge mit den so naturalistischen wie zartgetönt idealisierenden Bildern des Schwarzwaldmalers Hans Thoma und die verhaltene Ironie von Hesses frühen Erzählungen mit dem innig deutschen, doch schalkhaft gebrochenen Stimmungsgehalt des Biedermeiermalers Carl Spitzweg. Ein unvergängliches Stück Kleindeutschland werde darin überliefert, »voll reiner Musik wie ein Volkslied«, sagt er zum Beispiel zu Hesses Geschichte vom Landstreicher Knulp. Gleichzeitig aber wittert Zweig in all diesen, wie er sagt, »sehr mit Recht beliebten frühen Erzählungen Hesses irgend etwas von verhaltener Vorsicht, von sentimentaler Rücksicht, die über das Problem, dort wo es heiß, brennend und glühend wird, irgendwie hinwegmusiziert, hinüberlyrisiert«. Erst das Erlebnis des Krieges habe damit aufgeräumt und durch den Überdruck der Atmosphäre Hesses inneren Durchbruch gefördert, einen Zuwachs an Mut in der psychologischen Durchdringung, die ihn zur Darstellung unsagbarster Vorgänge befähige. Das unterscheide ihn von der nachwachsenden Generation der Expressionisten, die »nur in chaotischen Formen, im Schrei und in der Ekstase das Übermächtige zu schildern« vermöge. Durch sein Gespür für das Dämonische sei Hesse mittlerweile tiefer an die Wahrheit gelangt als alle Gefährten seiner Jugend. Und mit untrüglichem Vorausblick endet Zweigs Befund: »Hesses Sphäre ist heute noch nicht ganz zu umgrenzen und ebenso wenig seine letzten Möglichkeiten«, so dass man dem inzwischen »mehr als Vierzigjährigen bei aller Bewunderung für das meisterlich Getane noch die gleiche Erwartung wie einem Beginnenden entgegenbringen darf und soll«.

Als Zweig im Dezember 1922 diese Würdigung schrieb, waren in auffallender Gleichzeitigkeit seine indische Legende »Die Augen des ewigen Bruders« und Hesses indische Dichtung »Siddhartha« erschienen. In keinem ihrer Werke sind sie sich thematisch so nahe wie in diesen Erzählungen. Zwar spielt Zweigs Geschichte vom gerechten Richter, der erkennen muss, dass man nicht Strafen verhängen sollte, die man nicht selber erlitten hat, noch im vorbuddhistischen Indien und thematisiert mit der zentralen Aussage, »daß jeder, der einen Menschen erschlägt, seinen eigenen Bruder tötet«, vor allem das Erlebnis des Krieges, während Hesse am Beispiel von Siddharthas Werdegang die Erkenntnisse des Taoismus für den Westen aktualisiert – »weich ist stärker als hart, Wasser stärker als Stein, Liebe stärker als Gewalt«. Beide Erzählungen sind wegweisende Entwicklungsgeschichten, und gemeinsam ist ihnen auch das tropische Milieu, das beide, Zweig 1908 und Hesse 1911, auf mehrmonatigen Asienreisen erlebt haben.

Die seit dem »Demian« bei Hermann Hesse zu beobachtende Vertiefung der Psychologie ist auch in Zweigs Nachkriegswerken zu erkennen. Nur wendet er sie im Gegensatz zum selbstkritischen Hesse weniger darauf an, die Zeitprobleme am Beispiel seiner eigenen Person zu durchleuchten, sondern sie münden teils in Erzählungen, die er »Novellen der Leidenschaft« nennt, teils in Biographien, teils in essayistische Charakterstudien zur Gewinnung einer »Typologie des Geistes« am Beispiel von Gestalten wie Dostojewski, Hölderlin, Kleist, Nietzsche, Freud etc. Erst zwei Jahrzehnte später, in seinen Erinnerungen »Die Welt von Gestern«, wird er auch sich selbst einer solchen Analyse unterziehen und damit ein Porträt schaffen, das ihm mehr zu einer faszinierenden Zeit- als zu einer detailgenauen Autobiographie geriet. Das hinderte ihn jedoch nicht, die Unerbittlichkeit von Hesses Steppenwolf-Problematik mitfühlen zu können, den mit Torschlusspanik verbundenen Lebenshunger des Fünfzigjährigen und Hesses Konflikt mit einem Zeitgeist, der sechs Jahre später den Nationalsozialismus ans Ruder bringen sollte wie auch den bereits im »Steppenwolf« prognostizierten Zweiten Weltkrieg. »Die Welt ist heute so diabolisch vergnügt«, las Zweig in Hesses Antwort vom November 1929, »als wäre schon wieder eine ›große Zeit‹ angebrochen.«

Desillusioniert durch ihre Erfahrungen im Ersten Weltkrieg, reagierten sie ganz ähnlich auf die Zumutungen der bald darauf wieder einsetzenden »großen Zeit«. Für Zweig begannen sie mit der Affäre um sein Libretto zur Richard-Strauss-Oper »Die schweigsame Frau«. Bereits im Oktober 1931 hatte Anton Kippenberg seinen Autor mit Richard Strauss zusammengebracht, der nach dem Tod Hofmannsthals die Hoffnung bereits aufgegeben hatte, jemals wieder für seine weiteren Opernpläne einen bedeutenden Textdichter zu finden. Mit Stefan Zweig sollte er nun einen bekommen, mit dem er sogar noch besser harmonierte, und darüber wer er so glücklich, dass er ihn nach Empfang des Textbuches zur »Schweigsamen Frau« mit den Anfangstakten seines Liedes begrüßte: »Ja, daß ich Dich gefunden, Du liebes Kind, das freut mich alle Tage, die mir beschieden sind.« Zweig hatte ihm das Libretto zur neuen Oper im Januar 1933 geliefert, also noch vor der Machtergreifung Hitlers. Und Strauss war vom Charme der Sache so beflügelt, dass er die Klavierpartitur bereits kurz danach vollenden konnte. Er dachte nicht daran, einen so trefflichen Stoff sausen zu lassen, nur weil jetzt in Deutschland eine Regierung ans Ruder kam, die sich von den Juden bedroht fühlte und den Bühnen von nun an untersagte, Werke von Nichtariern aufzuführen oder solche, die unter Mitwirkung von Juden entstanden seien. Da den Nazis aber schon damals fast alle international bekannten Künstler davongelaufen waren, musste ihnen am propagandistischen Wert eines Komponisten vom Range Richard Strauss' natürlich gelegen sein. So sahen sie sich genötigt, nach ewigem Kompetenzgerangel zwischen Rosenberg, der Reichsschrifttumskammer, Göring, den Leuten um Streicher und Goebbels, einem Streit, der schließlich von Hitler selbst entschieden werden musste, einer Ausnahmegenehmigung zuzustimmen. Hatte Richard Strauss sich doch bereit erklärt, die Präsidentschaft der Reichsmusikkammer zu akzeptieren.

Kurz vor der Uraufführung im Juni 1935 erhielt Richard Strauss einen Anruf von Goebbels, über den er Folgendes berichtet: »Er [Goebbels] habe sich meinen Fall genau überlegt, auch mit Hitler gesprochen, er bitte ihn, das Textbuch einzusenden. Wenn dasselbe keine anderen Beanstandungen ergebe (außer daß es von einem unangenehm talentierten Juden verfaßt sei), so hoffe er, daß der Dresdener Uraufführung keine weiteren Schwierigkeiten entgegenstünden.«

Die Veranstaltung wurde nicht nur genehmigt, sondern sollte sogar in Anwesenheit des Führers und seines Propagandaministers vonstattengehen. Doch kaum hatten Hitler und Goebbels das Flugzeug nach Dresden bestiegen, als sie die

Nachricht erreichte, Strauss habe auf den Ankündigungsplakaten und Programmzetteln Zweig als Textdichter genannt. Daraufhin beschlossen sie, umzukehren und der Uraufführung fernzubleiben.

Ferngeblieben war selbstverständlich auch Stefan Zweig, der sich nach Straussens Übernahme der Reichsmusikkammer nicht mehr erweichen ließ, ihm neue Textvorlagen für seine Opern zu schreiben – trotz wiederholter Bitten des Komponisten: »Wenn Sie mich nach Ihrer ausgezeichneten Leistung der schweigsamen Frau im Stich lassen, dann muß ich mich schon jetzt ins ›Privatleben zurückziehen‹.« Konziliant, in der Sache aber unnachgiebig, suchte Zweig ihm andere Textdichter zu vermitteln, da »der Unglückliche mich Brief um Brief beschwört, ihm ein neues Libretto zu schreiben. Er kann nicht begreifen, daß seine Widmungen an Hitler und Göring mir eine Zusammenarbeit mit ihm unmöglich und ekelhaft machen. [...] Der musikalische Genius hat bei Strauss in einem ziemlich mittelmäßigen Menschen Platz ergriffen.« (Am 20.8.1933 an Romain Rolland)

Im Juli 1935 berichtet Zweig seinem amerikanischen Verleger Ben Huebsch nach Paris: »Ich weiß nicht, ob die Pariser Zeitungen, so wie die hiesigen, die Nachricht bringen, welche ungeheuren Dimensionen der Fall der ›Schweigsamen Frau‹ angenommen hat. Es ist eine offene Revolte im nationalsozialistischen Lager ausgebrochen. Rosenberg hat den Gauleiter wieder feierlich eingesetzt, den Goebbels weggeschickt hatte, weil er gegen Hitlers Befehl opponiert hatte. Noch nie sind die Herrschaften sich so offen in die Haare geraten« – man stritt sich wegen der Nennung Stefan Zweigs als Textbuchverfasser, was Strauss immerhin mit Nachdruck verlangte. Das Ärgernis sei, fährt Zweig fort, »daß ich mein Honorar jüdischen Wohlfahrtsorganisationen zugedacht hatte [...] Jedenfalls sehe ich, wie richtig ich gehandelt habe, überhaupt nicht einzugreifen.

Die Herrschaften wären glücklich gewesen, wenn ich ihnen durch irgendeinen theatralischen Protest die Konflikte abgenommen hätte. Jetzt müssen sie selber aus der verzweifelten Situation herausfinden und die heilige arische Idee verteidigen. Mein Instinkt war vollkommen richtig, alle ihre Arier-Paragraphen als Wahnwitzvorstellungen von überhitzten Ideologen zu betrachten und sie nicht durch einen Protest anzuerkennen.«

Doch damit war für die Machthaber der Fall keineswegs ausgestanden. Der größte Eklat sollte noch folgen. Denn kurz nach der Uraufführung musste Hitler seinem kulturellen Aushängeschild Richard Strauss den Laufpass geben. Hatte doch die Gestapo einen Brief von ihm an Zweig abgefangen, worin sich Strauss wegen seines Nazi-Amtes verteidigt, im Übrigen aber keinen Hehl aus seinem Spott über die Qualitätskriterien völkischer Kunst macht: »Glauben Sie«, heißt es in diesem Schreiben an Zweig, »daß Mozart bewußt arisch komponiert hat? Für mich gibt es nur zwei Kategorien Menschen; solche die Talent haben und solche die keins haben und für mich existiert das Volk erst in dem Moment, wo es Publikum wird. Ob dasselbe aus Chinesen, Oberbayern, Neuseeländern oder Berlinern besteht, ist mir ganz gleichgültig. Wenn die Leute nur ihren vollen Kassenpreis bezahlt haben.« (16.5.1935)

Die Oper wurde nach der zweiten Vorstellung verboten. Die sanfte Gewalt der scheinbaren Passivität Zweigs also hatte die Machthaber in Zugzwang und schließlich um den Präsidenten ihrer Reichsmusikkammer gebracht und somit zu Blößen gezwungen, wie sie kein anderer Exilautor bewirkt hat.

Mehr, glaube ich, kann ein Einzelner nicht ausrichten gegen die erdrückende Übermacht eines solchen politischen Systems. Und das, wie wir gesehen haben, ohne jede Gewalt.

Obwohl Zweig einer der ersten Autoren war, deren Bücher auf den nationalsozialistischen Scheiterhaufen landeten, beteiligte er sich zunächst ebenso wenig wie Thomas Mann und Hesse am journalistischen Kampf der Emigranten gegen ihre Verfolger. Ihre Weigerung, an Klaus Manns Exilzeitschrift »Die Sammlung« mitzuwirken, ist ihnen denn auch prompt von den anderen Vertriebenen als Verrat an der Emigration verübelt worden. Weder Zweig noch Thomas Mann noch Hesse selbst wollten ihr Publikationsverbot selber herausfordern, sondern den Gegnern die Attacke überlassen. Für Zweig war der Zeitpunkt der Emigration erst dann gekommen, als er im Februar 1934 mit einer Durchsuchung seines Hauses nach angeblich versteckten Waffen schikaniert wurde. »Vier Polizisten haben mein Schlafzimmer durchwühlt, um dort Handgranaten und Maschinengewehre zu finden«, berichtete er damals. Bis auf den Dachboden habe man alles kontrolliert, »und das bei mir, der ich nie in einer Partei war und jegliche Gewalt ablehne«. Ohne seine Frau Friderike, die unbedingt in Salzburg bleiben wollte, emigrierte er daraufhin nach England und trennte sich auch von dem ihm zu unsolidarisch taktierenden Insel Verlag, obwohl der seit fast 30 Jahren sein Werk betreut hatte. Zweigs Bücher erschienen von nun an bis 1938 im Wiener Verlag von Herbert Reichner und danach im Stockholmer Exilverlag von Gottfried Bermann Fischer.

Ähnlich verhielt sich Thomas Mann, der erst auf den Schutzhaftbefehl der bayrischen Polizei und die Beschlagnahme seines Münchener Hauses hin zunächst nach Zürich und 1938 in die USA emigrierte. Für Hesse dagegen war die Lage schwieriger. Seit 1912 in der Schweiz lebend und damit für direkte Schikanen unzugänglich, kam es erst 1935 nach einer von Will Vesper losgetretenen Pressekampagne gegen Hesses Kritik an der »Blut-und-Boden-Literatur« zu publizistischen Restriktionen. »Der deutsche Dichter Hermann Hesse«, meldete damals die Leipziger Zeitschrift »Die Neue Literatur«,

9. November 1915

VIII. KOCHGASSE
WIEN,

Sehr verehrter lieber Herr Hesse,
wundern Sie Sich nicht, dass ich seit Jahren des Vorbeischweigens – ich lebte ja immer als Wanderer irgendwo in der Welt – zum erstenmal mich plötzlich wieder an Sie wende, aber es ist mir Bedürfnis, Ihnen ein Wort der Dankbarkeit zu sagen. Seit den ersten Tagen des Krieges hat mich Ihre menschliche und dichterische Haltung sehr ergriffen; jedes Ihrer Worte, das ich fand inmitten der andern Stimmen, die mir weh taten, innig berührt. Dann schrieb mir mein Freund Rolland, er sei Ihnen nah geworden und wieder war es mir Freude. Aber all dies hätte mich, den Briefträgen, kaum

ich für mich gar nichts zu tun, mein Militärdienst hält mich ganz. Monate währt das schon, einzig durch eine dreiwöchentliche Dienstreise durch ganz Galizien knapp hinter den Russen, farbig belebt. Übrigens erzählte mir Robert Michel von dem Versehen, dass Sie im Kriegspressequartier nicht sofort aufgenommen wurden: ich glaube, ich könnte das jede Stunde ordnen, falls Sie noch den Wunsch haben. Aber ich würde Ihnen nicht raten: man ist dort wochenlang nie allein, immer umringt, immer im Gespräch u. in Bewegung. Auch Barlach kam von seiner Fahrt irgendwie verstört zurück.

Aber ich schreibe da viel und es wollte eigentlich nur ein Wort sein: Dank! Herzlichen Dank!

In alter Verehrung Ihr

Stefan Zweig

»übernimmt die volksverräterische Rolle der jüdischen Kritik von gestern« und verrate »die ganze neue deutsche Dichtung an die Feinde Deutschlands und an das Judentum«.

Stefan Zweigs Antwort auf die Verbrennung seiner Bücher und die Pressekampagne der Emigranten, weil er es ablehnte weiterhin an Klaus Manns streitbarer Exilzeitschrift mitzuwirken, war seine Biographie »Triumph und Tragik des Erasmus von Rotterdam« (1934). Wie im Ersten Weltkrieg der »Jeremias« bestätigte der kirchenkritische, doch unfanatische Erasmus (1466-1536) Zweigs eigenen, jede Polemik vermeidenden Standpunkt. Denn dieser holländische Humanist, der einen Ausgleich zwischen Rom und den Kräften der Reformation anstrebte und sich deshalb mit keiner der einander bekämpfenden Parteien solidarisierte, war gleichfalls von beiden verstoßen und diskriminiert worden. Von Erasmus stammt ja auch die bekannte Prophezeiung »Man beginnt mit der Verbrennung von Büchern und wird mit der Verbrennung von Menschen enden«, die er anlässlich des Autodafés der Schriften Luthers ausgesprochen hat. Er habe sich den Erasmus als Nothelfer gewählt, schreibt Zweig, »den Mann der Mitte und der Vernunft, der ebenso zwischen die Mühlsteine des Protestantismus und Katholizismus geriet, wie wir zwischen die Fronten von heute. Es war für mich ein kleiner Trost zu sehen, wie schlecht es ihm ging, und daß man nicht allein ist, wenn man sich anständigerweise mit schweren Entscheidungen und Entschließungen quält, statt es sich bequem zu machen und auf den Rücken einer Partei zu springen.« Noch deutlicher wurde er in einem an Hesses Freund Otto Basler gerichteten Brief vom Dezember 1933 aus seinem Londoner Exil: »Ich wollte schweigen, weil ich den Haß in der Welt nicht vermehren will (das lasse ich den andern). Denn damit provoziert man die Parteimenschen, die vor keinem Mittel zurückschrecken, jeden Prominenten vor ihren Karren zu spannen.

Natürlich verfolge ich die Vorgänge in Deutschland und höre viel aus diesem unterdrückten Volk: Ich bekomme so ergreifende Briefe aus diesem Schweigen, daß ich nichts gegen Deutschland sagen will, außer daß ich jetzt dazu keine offizielle Bindung mehr habe und haben mag [...] Dies ist seit je die undankbarste Stellung in der Welt gewesen, zwischen die Fanatiker zu treten – über den Begütiger und Vermittler fallen beide her: und eben dieses Schicksal, das der antifanatischen Menschen will ich jetzt in meinem Erasmusbuch darstellen.«

Dieselbe Erfahrung stand auch Hesse bevor, wie er Zweig im Februar 1935 mitteilte: »Es hat sich ja in jüngster Zeit so entwickelt, daß unsereiner, schon zuvor sehr isoliert, nun auch noch von den eigentlichen Gesinnungsgenossen gehaßt oder bespuckt wird, nur weil man sich nicht zum bloßen politischen Kampfmittel hergibt. Irgendwo müssen ja doch noch ein paar Existenzen übrigbleiben, welche [...] gewisse Traditionen weiterleiten. Ich denke dabei an [...] alte und ehrwürdige Konventionen wie intellektuelle Redlichkeit usw. Vor allem rechne ich zu den Traditionen, deren Schutz uns obliegt, den Sinn für Qualität und das sich Nichtbeugen vor der Quantität.«

Genau das war die Botschaft von Stefan Zweigs »Erasmus«, einem Buch, das Hesse schätzte, weil es allen Triumphen der Machtpolitik zum Trotz das Ideal einer übernationalen Gerechtigkeit und einer Humanisierung des Menschen vertritt. »Der berühmte, aber kaum mehr gelesene Erasmus [...] gewinnt in Zweigs Darstellung eine merkwürdige Aktualität und indem der Leser diese vorbildliche Gestalt neu sehen lernt, wird auch der Autor des Buches ihm von neuem lieb«, schrieb Hesse in seiner Rezension des Buches.

Das war seine letzte Besprechung eines Werkes von Stefan Zweig. Denn nach 1936 musste auch Hesse seine journalistische Tätigkeit in Deutschland einstellen. Stattdessen konzipierte er »Das Glasperlenspiel«. Das war seine Antwort auf den Gleichschaltungsterror totalitärer Systeme.

Obwohl Zweig die Buchausgabe des »Glasperlenspiels« nicht mehr erlebte – die, in Deutschland verboten, ja erst 1943, ein Jahr nach Zweigs Tod, in der Schweiz erschien –, hatte er bereits auf den Vorabdruck des Einleitungskapitels reagiert und dem Kollegen im Januar 1935 geschrieben: »Selten hat mich etwas Dichterisch-Denkerisches so berührt wie Ihr ›Glasperlenspiel‹ [...] Nichts ist wichtiger als der Gedanke, wie das Individuelle sich gegenüber der Mechanisierung des Geistes entfalten wird und daß Sie dieses Problem in bejahendem Sinne lösen und nicht in der üblichen Form des flachen Resignierens, hat mir wohlgetan [...] Der unentwegte Terror von außen nötigt uns zu einer Verinnerlichung: Je mehr sich die anderen zusammenrotten, umso hartnäckiger müssen die Einzelgänger ihr Recht behaupten.«

Auch dieser Brief schließt mit dem Wunsch nach einem Wiedersehen, zu dem es aber erst zwei Jahre später gekommen ist, als sich Zweig für eine Woche in Lugano aufhielt. Der gemeinsame Nachmittag im September 1937 scheint so erfreulich und anregend gewesen zu sein, dass Hesse Zweig in der folgenden Woche zu einem weiteren Besuch in Montagnola einlud, der aber nicht mehr zustande kam, weil Zweig bereits nach Italien weitergereist war. So war dieses Treffen ihr letztes. Und ein Jahr später endete auch ihr schriftlicher Austausch mit Hesses Dank für Zweigs Vermittlung der Niederlassung einer befreundeten Emigrantin in England – einer von hunderten Fällen, die nach Ausbruch des Zweiten Weltkriegs ihrer beider Zeit in Beschlag nahmen und Zweig in eine immer größere Verzweiflung manövrierten. »Das Traurigste, lieber Hermann Hesse, ist«, schrieb er im Juli 1938, »daß der ständig aufgezwungene Umgang mit Verzweifelten und Aussichtslosen einen selbst so schwach macht und das sind doch nur die ersten Wellen einer ungeheuren Flut, die uns schon umreißt.«

Knapp vier Jahre hielt Zweig diesen Ansturm noch aus, und wie in einer Notblüte entstanden nun – allen Ortswechseln und Turbulenzen zum Trotz – seine letzten und wohl besten Werke. Aus dem von Flüchtlingen überfüllten London floh er in den ruhigeren Kurort Bath im Südwesten Englands. Dort schrieb er nach einer Vortragsreise durch die USA die Geschichte der ersten Weltumseglung Magellans, eine unvollendet gebliebene Biographie über Balzac und den Roman »Ungeduld des Herzens«. Nach Ausbruch des Zweiten Weltkrieges ließ er sich mit seiner asthmakranken Sekretärin Lotte Altmann in den USA nieder, wo sein Erinnerungsbuch »Die Welt von Gestern« entstand, bei Kriegseintritt der Vereinigten Staaten flüchtete er nach Brasilien und schrieb dort ein Buch über dieses »Land der Zukunft«, dessen friedfertiges Völkergemisch ihm wie kein anderes die Ideologie des Rassenwahns zu widerlegen schien. Und hier entstand auch seine zu Recht bekannteste zeitkritische Erzählung, »Die Schachnovelle«. Dann jedoch waren seine Reserven erschöpft.

Stefan Zweig im Sommer 1941 in Ossining (New York)

»KEINE IDEE IST EINE GANZE WAHRHEIT, ABER JEDER EINZELNE MENSCH IST EINE GANZE WAHRHEIT«

Stefan Zweig im Widerstand gegen den Zeitgeist

Im Jahr 1981 wurde des 100. Geburtstages und 1992 des 50. Todestages von Stefan Zweig gedacht. Doch verglichen mit den Würdigungen, die Schriftstellerkollegen wie Thomas Mann, Franz Kafka, Joseph Roth oder Bertolt Brecht bei solchen Anlässen erfahren, war das Echo unserer Medien auf die Gedenktage Stefan Zweigs merkwürdig flau, beiläufig und ahnungslos. Dabei hat dieser Autor ein Werk hinterlassen, dessen Umfang, Eigenart und zukunftsorientiertes Problembewusstsein demjenigen seiner vielgerühmten Kollegen in nichts nachsteht, ganz zu schweigen von der Verbreitung seiner Bücher bis in die entferntesten Winkel der Welt. Schon zu Lebzeiten war Stefan Zweig – ein Stachel der Eifersucht für Kollegen wie Robert Musil, Thomas Mann und Hugo von Hofmannsthal – der meistübersetzte deutschsprachige Schriftsteller seiner Generation und der auflagenstärkste zeitgenössische Autor des Insel Verlags. Das wäre wohl bis auf den heutigen Tag so geblieben, hätte man sich nach seinem Tode seines Werkes und des erstaunlich reichhaltigen Nachlasses mit derselben Gewissenhaftigkeit angenommen wie zu seinen Lebzeiten. Nicht, dass die sporadischen Editionen seines Nachlassverwalters Richard Friedenthal (der 1946 Zweigs Balzac-Biographie vollendete und herausgab sowie die Auswahleditionen »Zeit und Welt«, 1943, »Europäisches Erbe«, 1961, und »Briefe an Freunde«, 1978, betreute) wirkungslos geblieben wären. Aber Friedenthal – selbst ein bemerkenswerter Erzähler und Biograph – war zu sehr mit seinen eigenen Büchern beschäftigt, um den Nachlass des ihm wohlgesinnten Stefan Zweig auf eine Weise zu betreuen, wie es angemessen gewesen wäre.

Erst zwölf Jahre nach Friedenthals Tod, aus Anlass von Zweigs 100. Geburtstag, begann sich der S. Fischer Verlag, zunächst eher unfreiwillig, für dessen darüber hinaus noch unveröffentlichte Schriften zu interessieren und druckte neben den wichtigen, bisher unbekannten Tagebüchern und Romanfragmenten weitere Auswahleditionen seiner Erzählungen und Essays nach sowie die Biographien »Magellan«, »Triumph und Tragik des Erasmus von Rotterdam«, »Castellio gegen Calvin – Ein Gewissen gegen die Gewalt«, die jahrzehntelang nicht mehr erhältlich gewesen waren.

Taschenbuchausgaben von diesen so wichtigen Antworten Zweigs auf den Nationalsozialismus, die er 1933 und 1935 in die Lebensbilder der Antipoden Erasmus und Calvin gekleidet hatte, kamen gleichfalls erst in den achtziger Jahren wieder auf den Markt der deutschsprachigen Länder. Und 1987 ist bezeichnenderweise nicht bei uns, sondern in der DDR Zweigs mehr als 1500 Seiten umfassender Briefwechsel mit dem französischen Schriftsteller und Pazifisten Romain Rolland erschienen, eines der unerschöpflichsten und gleichwohl von den Medien fast totgeschwiegenen Quellenwerke über die Jahre 1910 bis 1940.

Heute, mehr als 70 Jahre nach seinem Tod, ist dieser Autor also endlich auch auf dem deutschen Buchmarkt wieder einigermaßen präsent und damit plötzlich erneut so begehrt und gelesen wie zu seinen Lebzeiten. Doch gerade dieses unerwartete Interesse an einem Schriftsteller, den man längst abgeschrieben zu haben glaubte – ein Interesse, das sich ganz ohne Zutun der Literaturkritik vom Publikum, von der Basis her durchzusetzen vermochte –, war unseren Meinungsmachern ein Dorn im Auge. Denn ähnlich wie bei der Renaissance des von ihnen gleichfalls totgesagten Hermann Hesse zeigt ihnen die Eigenständigkeit, mit der sich manche Autoren, auch unabhängig vom Urteil der Schriftgelehrten, zu behaupten vermögen, die Grenzen ihrer Einflussmöglichkeit.

So war denn die Reaktion auf die Veröffentlichungen aus Stefan Zweigs Nachlass – auf die mehr als 600 Seiten umfassenden »Tagebücher«, auf das hochkarätige Drama »Adam

Lux« über den tragischen Fortsetzer der Französischen Revolution in Deutschland, auf den zeitkritischen Roman »Rausch der Verwandlung«, auf die zahlreichen, erstmals in Buchform publizierten Erzählungen und Betrachtungen oder auf den Briefwechsel mit Sigmund Freud, Rilke oder Schnitzler, also auf die insgesamt wohl annähernd 3000 Seiten von literarischem Neuland, das im Fall von Autoren wie Kafka und Brecht in allen Medien vorgestellt und genauestens vermessen worden wäre – merkwürdig verstockt, halbherzig und ignorant. Aber auch ohne Vermittlung der Medien haben im Fall Stefan Zweigs sogar die sonst schwer verkäuflichen Nachlassveröffentlichungen ihr Leserpublikum gefunden, sind verfilmt und rasch in erstaunlichen Auflagen verbreitet worden. Denn wie alle anderen Bücher dieses Dichters erfüllen sie jene Voraussetzungen, die für den Erfolg entscheidend sind und deshalb von den Auguren besonders argwöhnisch betrachtet oder neidvoll abqualifiziert werden:

1. Sie lesen sich leicht, weil Zweig zu den wenigen Schriftstellern zählt, die das Schwierige verständlich, das Komplizierte einfach darzustellen vermögen. Was andere Autoren vorsichtig in Metaphern kleiden, spricht er direkt und unverschlüsselt aus. Das macht seine Bücher unabhängig von den Deutungen der Interpreten und nötigt mehr zur Beherzigung der Inhalte, um derentwegen sie geschrieben wurden, als zu Spekulationen über das möglicherweise Gemeinte.

2. Die in seinen Erzählungen, Romanen und Biographien enthaltene Zeitkritik ist ideologisch nicht zu missbrauchen, kann also nicht ohne weiteres von den politischen oder weltanschaulichen Interessengruppen vereinnahmt und vor ihren Karren gespannt werden.

3. Trotz profunder Menschenkenntnis und meist desillusionierenden Einblicken in die vorwiegend von Habgier und Geltungsbedürfnis bestimmten Antriebe der Geschichte

ist Zweig darüber nicht zum Zyniker und Nihilisten geworden, sondern aktiviert Gegenkräfte, die es dem Leser erleichtern, diese Antriebe auch in der aktuellen Gegenwart zu erkennen: »Die Welt ändert sich nicht. Wer die Geschichte kennt, kennt auch die Gegenwart und die Zukunft. [...] Um die Männer der Vergangenheit gut zu beschreiben, muß man die Lebenden gekannt haben«, heißt es in Zweigs Briefen an Romain Rolland.

Er denkt mit dem Herzen und ist misstrauisch gegen allzu geistreiche Zeitgenossen, weil sie zu viel negieren und sich damit Probleme vom Leib halten, die nur durch Zuwendung und Einfühlungsvermögen gelöst werden können. So ist es kein Zufall, dass fast alle seine Helden, die historischen Gestalten, Künstler, Forscher, aber auch die vielen Frauen und Kinder seiner Romane und Erzählungen, Unterliegende sind. Er macht sich zu ihrem Anwalt, um meist an realen Beispielen den Kampf des Gewissens gegen die Norm, der Menschenwürde gegen die Lethargie zu demonstrieren, indem er zeigt, an welchen Widerständen viele unserer Anläufe, eine Humanisierung des Lebens zu erreichen, scheitern. Jede Zeile von Zweig ist ein Impuls gegen das Beharrungsbedürfnis, gegen die Schwerkraft und selbstgenügsame Trägheit des Herzens, aber auch gegen den Fundamentalismus und gewalttätigen Fanatismus jeder Art.

Weder phantastische Erfindungen noch artistische Experimente im beliebigen Bereich des Unverbindlichen machen die Attraktivität seiner Bücher aus, sondern die Phantastik des Selbsterlebten und eine formal zwar traditionelle, inhaltlich dagegen erstaunlich weltoffene Aufgeschlossenheit für die Probleme der Gegenwart und Zukunft.

Als geborener Vermittler war Zweig von Jugend an bestrebt, das Trennende zu verbinden und durch kulturelle Brückenschläge an den Voraussetzungen mitzuwirken, um auch politisch ein Europa der Gemeinsamkeiten zu schaffen. Nicht allein durch die Presse, die von den wechselnden Launen der Politik und des Zeitgeistes bestimmt wird, sollten die Völker sich kennenlernen, sondern auch durch die übernationalen Werke ihrer geistigen Repräsentanten, der Dichter, Maler, Musiker und Forscher. Angesichts des technischen Fortschritts, der Errungenschaften in Kommunikation und Verkehr hielt er den Argwohn, mit dem sich die Nationalstaaten voneinander abzugrenzen versuchten, für kleinkariert und anachronistisch. Um solche Barrieren abzubauen, hat er die ersten zehn Jahre seiner literarischen Tätigkeit fast ausschließlich darauf verwandt, als Übersetzer zwischen den Nationen zu vermitteln. Da schon seine Mutter fließend Französisch sprach, war es zunächst die Literatur Frankreichs, der er sich zuwandte. »Wir sind doch das Herz Europas, Frankreich und Deutschland, und es muß einmal geschehen, daß diese beiden Länder sich verstehen«, schrieb er im Oktober 1914 an Romain Rolland angesichts des Krieges gegen den sogenannten Erbfeind. Damals übersetzte und veröffentlichte er Schriften von Baudelaire, Rimbaud und Verlaine. Am wirkungsvollsten war sein Einsatz für Émile Verhaeren, den eigenwilligsten Dichter Belgiens, dessen von Zweig übersetzte Werke in Deutschland bald eine größere Verbreitung fanden als in Verhaerens eigenem, dem französischen Sprachraum.

Außerdem hat Stefan Zweig eine sechzehnbändige Balzac-Ausgabe, 25 Bände mit Dostojewskis »Sämtlichen Romanen und Novellen«, eine zwölfbändige Dickens-Edition, Sammelwerke von Verlaine und Gorki sowie die »Bibliotheca mundi« des Insel Verlags in Gang gebracht. Dass dieser Verlag, der ab 1906 auch Stefan Zweigs eigene Bücher publizierte, »nicht an seiner Vornehmheit erstickt ist« und sich von einem exklusiven Elfenbeinturm für Sammler und Bibliophile zu einem der wichtigsten Publikationshäuser für klassische und zeitgenössische Literatur entwickeln konnte, ist untrennbar mit Zweigs Eintritt in diesen Leipziger Verlag verbunden. Seinem vermittelnden Einsatz verdankte die »Insel« einen Großteil ihrer Produktion, nicht zuletzt den Anstoß zur populären Insel-Bücherei, der ersten bibliophilen Billigbuchreihe, die bald zum finanziellen Standbein für die Gesamtausgaben und aufwendigeren Projekte dieses Unternehmens wurde.

Aber damit nicht genug. Auch mit unzähligen Buchbesprechungen in Zeitungen und Zeitschriften und Schrittmacherdiensten für unbekannte Autoren bei anderen deutschen Verlagen (deren Bücher Zweig wenn nicht selbst übersetzte, so doch mit kundigen Einführungen versah) hat er das Gewicht seines Namens in den Dienst einer Internationale des Geistes gestellt wie außer ihm zu seiner Zeit wohl nur noch Thomas Mann und Hermann Hesse. »Seine selbstlose Bewunderung für fremde geistige Größe«, hat Hermann Kesten dazu bemerkt, »machte ihn zu einer singulären Figur in der literarischen Welt.«

Nichts war eine größere Freude für Stefan Zweig, als die ihm befreundeten Kollegen zusammenzuführen, Künstler, die – eingeschlossen in ihrer Arbeit, ihrem Stolz und ihrer Kontaktscheu – meist kaum wahrzunehmen vermochten, wie viel sie miteinander verband. So sorgte Zweig dafür, dass Autoren wie Rilke und Rolland, Verhaeren, Guilbeaux, Bazalgette, Gorki, Joseph Roth, Valéry, du Gard, H.G. Wells, Schalom Asch und andere sich kennenlernten, aber auch Maler wie Frans Masereel und Salvador Dali, Wissenschaftler wie Sigmund Freud und Albert Schweitzer, Musiker wie Toscanini, Bruno Walter, Busoni und Richard Strauss kamen durch ihn in persönlichen Kontakt und Austausch miteinander.

Kosmopolitisch und beseelt vom Glauben an die verbindende Wirkung der Kunst – tiefer und dauerhafter als die launische, von Machtstreben, Korruption und Missgunst aufgewühlte Oberfläche der Politik –, hat er in seinen Büchern ein inneres Europa dargestellt, mit dem das äußere nicht Schritt zu halten vermochte. Doch hat er den Traum von einem Europa ohne Zollschranken nie aufgegeben.

Auch der Antisemitismus konnte Zweig nicht in die Enge eines zionistischen Nationalismus treiben. »Ich glaube, daß das Jüdische und das Menschliche doch immer identisch bleiben muß, und jede Überheblichkeit und gewaltsame Absonderung des Judentums (die oft nur die Umschaltung eines Minderwertigkeitsgefühls ist) halte ich für eine große Gefahr. [...] Ich glaube nicht, daß wir eine jüdische, eine nationale Literatur zu gründen haben, sondern nur das zu schreiben, zu was es uns drängt. [...] Alles Gewaltsame dagegen und bewußt Akzentuierte scheint mir überflüssig«, schrieb er 1937 dem Rabbiner Alfred Wolf.

So sind denn auch seine eigenen Dichtungen, in denen zwar jüdische Themen aufgegriffen werden, doch nicht dominieren (wie in dem Antikriegsstück »Jeremias«, 1917, und der Legende »Der begrabene Leuchter«, 1937), frei von konfessionellem Partikularismus. Das Jüdische war für ihn nur eine unter den vielen Erscheinungsformen menschlicher Kultur und Religiosität, die gut daran tat, sich weder zu exponieren noch sich abzugrenzen, um nicht Vorwände zu bieten für die allzeit drohende Aggression gegen Minderheiten.

Seine besondere Liebe und Neugier galt den Gefährdeten, Menschen, die ein Stück Zukunft und Entwicklungsmöglichkeit erproben und vorausleben. In den »Sternstunden der Menschheit«, einem von ihm geprägten und mittlerweile zum geflügelten Wort gewordenen Begriff, hat er zeitüberdauernde Beispiele von Zivilcourage festgehalten, ermutigende Konstellationen, bei denen die Ideen einmal nicht an ihrer Verwirklichung gescheitert sind. Als ein Meister des Kontrastes setzt er seinen Sympathieträgern auch immer wieder Gestalten wie die des Joseph Fouché entgegen, den abschreckenden Prototyp des Politikers, »der jeder Überzeugung dient, jeden Posten annimmt, in allen Sätteln sitzt und nie eine eigene Idee hat, doch die gewaltigsten Menschen seiner Zeit eben durch diese Flexibilität überdauert«. Eine Warnung vor der Gefahr, die der brauchbare, geriebene Politiker und Karrierist für die Gesellschaft bedeutet. Doch auch das Destruktive vermag Zweig auf eine Weise darzustellen, die lebensbejahend ist. Oft schien es ihm, als sei die »Politik einzig für die Politiker da, sie bangen zu sehr um ihre Posten und bekämpfen mit ihrer Bürokratie (aus Instinkt) die Intellektuellen, die Ungehorsamen – dasselbe im Sozialismus, überall triumphiert der Beamte«. (1931 und 1933 an Romain Rolland)

Es mag in der deutschsprachigen Literatur unseres Jahrhunderts unanfechtbarere Stilisten, witzigere, lakonischere oder distanziertere Beobachter geben als Stefan Zweig, aber an mitreißendem Schwung, an Einfühlungsvermögen, auch in die ungewöhnlichsten Mentalitäten, und an ansteckendem Engagement für das Wünschenswerte reicht ihm keiner das Wasser. Erkenntnisse und Orientierungshilfen, die bei anderen Autoren erst nach mühsamer Interpretation zu erschließen sind, werden bei Zweig klar und unmissverständlich ausgesprochen. Er verschanzt sich nicht hinter Ironie, sondern gewinnt den Leser, indem er ihm Identifikationsmöglichkeiten bietet.

In einer Literatur wie der deutschen, die reich ist an Talenten, doch arm an Charakter, scheint mir sein Werk unverzichtbar, auch wenn er mit der ihm eigenen Bescheidenheit nur davon träumte, »nicht eine literarische Berühmtheit, sondern eine moralische Autorität zu werden«. (28.1. 1918 an Romain Rolland) Bei wenigen Autoren können wir so Desillusionierendes über unsere Mitmenschen und uns selber erfahren. Vielleicht polarisiert sich deswegen die Auseinandersetzung mit ihnen so stark in Identifikation wie in Ablehnung.

Ginge es in unserem Kulturbetrieb mit rechten Dingen zu, würde also der realen Bedeutung von Künstlern (wie sie sich in ihrer Breitenwirkung niederschlägt) die Diskussion im eigenen Land entsprechen, dann müsste Stefan Zweig zu den besterforschten und meistdiskutierten Autoren des 20. Jahrhunderts zählen. Das Gegenteil ist der Fall. Wäre seine grenzüberschreitende Aufgeschlossenheit für die Vielfalt der Menschen, der nationalen Eigenarten und kulturellen Gemeinsamkeiten gewürdigt worden, wären wir Europa vielleicht ein gutes Stück näher gerückt.

Europa, das heute vor allem aus wirtschaftlichen Gründen angestrebt wird, war für Stefan Zweig, der in Wien, der Metropole eines ehemaligen Vielvölkerstaates, aufgewachsen war, ein multikulturelles Ideal. Dort hatte er erlebt, wie sich auch die sprachlichen Gegensätze harmonisieren in einem Klima, das alle abendländischen Kulturen einbezog. »Wer dort lebte und wirkte«, schreibt er in seiner Autobiographie, »fühlte sich frei von Enge und Vorurteil.« Diese Unbegrenztheit ist seit 1914 durch Kriege und neu entstandene Nationalismen verloren gegangen. Voller Zuversicht bemerkt Zweig bereits im November 1923 in diesem Zusammenhang: »Ich glaube, daß die ganze Frage der europäischen Staatlichkeit längstens eine von 50 oder 100 Jahren ist und daß dann aus kommerzieller und materieller Notwendigkeit den Vereinigten Staaten von Amerika die Vereinigten Staaten von Europa gegenüberstehen werden. Ich glaube das nicht aus einem verschwommenen Idealismus, sondern aus einer mathematischen und nationalökonomischen Überzeugung. Es ist unmöglich, daß die Staaten Europas auf die Dauer Millionen Menschen verwenden um sie als Zollbeamte, Soldaten, Botschafter, Konsule zu verkleiden [...] Deshalb scheinen mir Grenzen so gleichgültig, denn sie werden sich von selbst entwerten.« Heute, 90 Jahre danach, sind wir durch das Scheveninger Abkommen und die gemeinsame Währung des Euro fast so weit und sehen allmählich ein, was Stefan Zweig damals an Maxim Gorki geschrieben hat: dass bei den verschiedenen Nationen und Völkern das Brot zwar anders gebacken und geformt werde, heller oder dunkler, süßer oder herber, dass die Substanz aber, das Korn, schließlich dasselbe sei.

Bis zu dieser uns mittlerweile selbstverständlichen Erkenntnis war damals der Weg noch unabsehbar. Erst galt es, die ideologischen Seuchen des Nationalsozialismus und eines zu Diktaturen entarteten Kommunismus zu überstehen. Beides hat Stefan Zweig nicht mehr erlebt, aber als Anwalt der Betroffenen hat er daran mitgearbeitet wie nur wenige seiner Schriftstellerkollegen. Wie er der Herausforderung des Nationalsozialismus begegnet ist, zu welch lästigem Feind er für die Machthaber wurde, denen es nicht gelang, ihn aus der Welt zu schaffen, bis ihm nichts mehr übrigblieb, als es selber zu tun, das möchte ich nun anhand der erst kürzlich aufgetauchten Korrespondenz des Dichters mit seinen deutschen und amerikanischen Verlegern nachzuzeichnen versuchen.

Es gab während der zwölf Jahre des »Tausendjährigen Reiches« für Künstler, die guten Willens waren und ihr Äußerstes getan haben, um diesen guten Willen in die Tat umzusetzen, keinen anderen Weg als den, welchen sie gezwungen waren einzuschlagen. Diese Wege waren für Joseph Roth, für Erich Kästner, Thomas Mann, Hermann Hesse, Anna Seghers, Kurt Tucholsky, Karl Kraus, Ricarda Huch, Ernst Wiechert oder Ernst Penzoldt, um nur einige zu nennen, je nach ihrer speziellen Veranlagung und ihrer persönlichen Umstände sehr verschieden. Aber sie führten alle zum selben Ziel: der Erhaltung ihrer Schaffenskraft im Widerstand gegen den Nationalsozialismus. Deshalb scheint es mir müßig, wie manche Literaturwissenschaftler es tun, heute im Nachhinein diese verschiedenen Wege gegeneinander auszuspielen, als ob es nur eine normative Route, eine Autobahn ins Exil oder nur eine einzige mögliche Form des Widerstandes gegeben hätte. Betrachten wir nun also den Weg Stefan Zweigs seit 1933.

Zu Beginn der NS-Zeit war Stefan Zweig 52 Jahre alt und seit mehr als 30 Jahren Autor des Insel Verlages. Dieser Verlag war einer der wenigen größeren deutschen Verlage, die nicht von Juden geleitet, also nicht unmittelbar bedroht und früher oder später zur Emigration gezwungen waren, wie zum Beispiel Ullstein, S. Fischer, Cassirer, Schocken und manche andere. Daraus mag sich die verblüffende Arglosigkeit des Insel-Verlegers Anton Kippenberg erklären, der Zweig noch kurz nach dem Reichstagsbrand und der Beschlagnahme der damals gerade in den deutschen Kinos gezeigten Verfilmung seiner Novelle »Brennendes Geheimnis« gesagt hatte: »Wer sollte Ihre Bücher verbieten? Sie haben doch nie ein Wort gegen Deutschland geschrieben oder sich in die Politik eingemengt!« Hinzu kam natürlich auch, dass Kippenberg es einfach nicht wahrhaben wollte, nun möglicherweise seinen besten und billigsten Berater zu verlieren, der das Profil und Programm des Insel Verlages mitbestimmt hat wie kein anderer Autor. Das belegt ihre mehrere tausend Briefe umfassende Korrespondenz. Denn wohl die Hälfte der von 1906 bis 1933 erschienenen Bücher des Insel Verlages ging ja auf Vorschläge und Vermittlung Stefan Zweigs zurück. An vielen hat er mitgearbeitet, sei es als Übersetzer, Bearbeiter, Herausgeber, Vorwort-, ja selbst Werbetextverfasser oder als Agent bei der Beschaffung von Lizenzen wichtiger ausländischer Neuerscheinungen. Er hat den Anstoß gegeben zu einigen Buchreihen des Verlages, wie der populären Insel-Bücherei, hat manche der erfolgreichsten Bücher, wie zum Beispiel Rilkes »Cornet« oder die Lebenserinnerungen Gandhis, in den Verlag gebracht und war – das wollen wir nicht vergessen – mit seinen eigenen Büchern der meistgelesene zeitgenössische Autor des Insel Verlags. Kein Wunder also, dass Kippenberg sich mit dem Gedanken an einen möglichen Verlust seines besten, einfallsreichsten und einträglichsten Partners lange nicht befreunden wollte. Eines Partners überdies, der sich bescheiden im Hintergrund hielt und es dem Verleger überließ, die Lorbeeren zu ernten, die eigentlich er selbst gesät und zum Blühen gebracht hatte.

Der unfreiwillige und etwa ein Jahr dauernde Lösungsprozess, welcher der dreißigjährigen Symbiose dieses Verlages mit seinem Autor ein Ende setzte, begann im Januar 1933, wenige Monate vor Hitlers Machtergreifung. Der äußere Anlass war eigentlich eine Bagatelle, die aber gleichwohl auf einen der größten Schwachpunkte Zweigs und mehr noch des Insel-Lektorates zielte.

Im Oktober 1932 war Zweigs Biographie »Marie Antoinette« erschienen, und wieder einmal hatte der Verlag dem Drängen seines ungeduldig, stets zu möglichst rascher Veröffentlichung treibenden Autors zu früh nachgegeben und es versäumt, das Manuskript einem Lektoratsgang zu unterziehen. Die Druckvorlage war – übrigens wie die fast aller Bücher Zweigs – so gut wie unbesehen in die Setzerei gegangen. Dabei sind einige stilistische Mängel, sein Trommelfeuer von Adjektiven und Superlativen und die sich mitunter überblendenden Feuerwerkseffekte seiner dramatischen Aufputschmittel stehengeblieben. Der Verkäuflichkeit des Buches schadete das keineswegs. Nach wenigen Wochen schon konnte das 20. bis 40. Tausend gedruckt werden, ganz zu schweigen von den Übersetzungen in damals bereits 14 verschiedene Sprachen. Erst als die Buchausgabe vorlag, hat Anton Kippenberg die »Marie Antoinette« zusammenhängend gelesen, etliche der Schwachstellen bemerkt und einen Germanisten für 100 Mark –

so sind die Honorare der Verleger – damit beauftragt, für die zweite Auflage die augenfälligsten Mängel zu beheben. Davon nun bekam ein Kollege und Landsmann Stefan Zweigs Wind, der Schriftsteller Richard von Schaukal, dessen Werke – trotz Zweigs Empfehlungen – vom Insel Verlag abgelehnt worden waren. Das verschaffte Schaukal eine willkommene Gelegenheit, sich am Verlag und an Zweig, den er dafür verantwortlich glaubte, zu rächen. Er brachte den Sachverhalt der sprachlichen Bearbeitung dieses »Meisterwerkes der deutschen Sprache«, wie der Werbetext lautete, in die Presse. Und begierig stürzten sich fast alle der bereits im nationalsozialistischen Gleichschritt marschierenden Blätter, obenan Will Vespers »Neue Literatur«, auf diese Meldung, die sich in antisemitischer Kurzfassung folgendermaßen las: »Stefan Zweigs Verleger läßt die Zweigschen Stilübungen, um ihre östliche Klangfarbe, den mauschelnden Tonfall zu beseitigen, von einem Germanisten ins Deutsche übersetzen.« Und der »Völkische Beobachter« berichtete vom »fürchterlichen Deutsch Stefan Zweigs, vor dem es sogar seinem eigenen Verleger zu grauen beginnt«.

Das war der Auftakt zu einem Rufmord, der bald mit sehr viel weniger stichhaltigen Argumenten geschürt und fortgesetzt wurde. Doch bevor davon die Rede sein soll, noch ein Exkurs ins Aktuelle:

Auch heute noch wird von Publizisten, die sich, wie seinerzeit die Blut-und-Boden-Literaten, vom Marktanteil und der Popularität Stefan Zweigs bedroht fühlen, aber auch solchen, denen das Inhaltliche seines übernationalen Weltbildes nicht passt, die mit seinem Pazifismus und Idealismus nichts anfangen können, weil sie ihn lieber kämpferischer, tendenziöser oder extrovertierter hätten, gerne das Stilistische gegen das Inhaltliche seiner Bücher ins Feld geführt. Ich unterschätze die Bedeutung des Stilistischen, also des sprachlich einwandfreien Ausdrucks, keineswegs – ist er doch das Transportmittel der Aussage und gibt dem Inhalt seine Glaubwürdigkeit.

Am Beispiel der Affäre um Zweigs »Marie Antoinette« erkennt man, was in diesem Punkt auch von seinen Verlegern versäumt worden ist. Denn er selbst war ja – das zeigt seine Korrespondenz – für jede berechtigte Korrektur, jede Tilgung von Wiederholungen dankbar und hat sachdienliche Eingriffe stets gerne akzeptiert.

Zurück ins Jahr 1933. Die nächste Attacke ließ nicht lange auf sich warten. Zweig hatte sie, entgegen den Beschwichtigungen seines Verlegers, kommen sehen und ihm am 4. März angekündigt: »Sie müssen sich schon darauf gefaßt machen, daß ich, nachdem ich lange ein Pfeiler des Verlags gewesen bin, nun ein Stein des Anstoßes sein werde, an dem öfters das Bein gehoben und verschiedene Exkremente abgelagert werden.« Das Bein hob diesmal der Propagandaminister persönlich. In einer Rede vom 1. April, die über den Rundfunk und kurz darauf auch vom Parteiorgan, dem »Völkischen Beobachter«, verbreitet wurde, verwechselte Goebbels Arnold mit Stefan Zweig und nahm eine Äußerung Arnold Zweigs, der gesagt haben soll: »Der Jude Walther Rathenau hat den Mut gehabt, dem deutschen Pack die Zähne zu zeigen«, als Anlass zu einer Hasstirade gegen alle Juden.

In diesem wie im vorherigen Fall der Ehrabschneidung bat Zweig seinen Verleger Anton Kippenberg um eine offizielle Richtigstellung seitens des Verlages. Einerseits sei es hart, angeklagt zu werden für den Ausspruch eines Kollegen, dessen man sich schämt. Und dem Komponisten Richard Strauss schreibt er nach diesem Vorfall: »Sie können sich denken, wie lieb es Ihnen wäre, wenn man Ihnen nicht nur die *Fledermaus* zuschreiben würde, sondern einen kleinen Lustmord, den ein anderer Musiker Ihres Namens begangen hat.« Andererseits

Die literarische Kritik, wie sie heute in Deutschland gehandhabt wird, ist von geringem Nutzen und noch geringerer Wirkung, weil ihr das intensivste Moment des Ueberzeugens abhanden kam: Autorität. Fast alle grossen Zeitungen vertrauen die Buchbesprechung zufälligen, lässig gewählten (und unzulänglich bezahlten) Mitarbeitern an; Eiligkeit, Unverantwortlichkeit und gefällige Kameraderie erledigen mit flüssigem Lob oder nonchalanter Ablehnung oft gerade an einflussreicher Stelle das richterliche Amt. Kein Wunder, wenn das Publikum, das naturgemäss und aus gesundem Instinkt Autorität immer nur mit einer Person verbindet und nicht mit einem kalten Zeitungsartikel, vor dieser allsonntäglich stampfenden, halbanonymen Besprechungsmaschinerie verwirrt und misstrauisch zurückflüchtet.

Wandel kann hier nur von den grossen Zeitungen selbst, nicht vom Einzelnen geschaffen werden. Autorität entsteht einzig im selbstherrlichen Wirkungskreis und ebenso wie sich die grossen Journale für das Theater einen repräsentativen Kritiker, der das ganze Feld beherrscht, bestallen, einen Alfred Kerr, Bernhard Diebold, Herbert Ihering, Alfred Polgar, müsste auch die Literaturkritik, sei es für Epik, Lyrik, essayistische Prosa in jeder Zeitung je einem Einzelnen als Alleinherrschenden anvertraut sein. Sainte Beuve hatte einmal in der Woche seinen literarischen Essay für den "Globe" zu schreiben, dafür war er gewählt und bezahlt, neben ihm stand niemand; so war schon die Tatsache, dass er ein Buch zur Erörterung unter den vielen wählte, die er unbesprochen liess, eine Art Entscheidung und ebenso stellt heute Paul Souday im "Temps" in seiner Person die ganze Literaturkritik dieses Weltblattes für hunderttausend Leser dar. Solcherart ~~entsteht~~ und nur solcherart Autorität und sie befestigt sich in dem Masse, als dieser repräsentative Kritiker (dessen Urteil doch von einer ungeheuren Leserschar ständig kontrolliert wird) die hohe Mission des Führers begreift und erfüllt. Selbstverständlich muss ein solcher Kritiker materiell für seine Arbeit entsprechend entschädigt werden (nicht nur für das, was er bespricht, sondern auch was er liest und als unbeträchtlich

Stefan Zweig über die Literaturkritik in Deutschland

beiseite lässt), er darf nicht genötigt sein, nebenbei nach links und rechts zu verdienen; der Zeitung muss seine scheinbar geringe Leistung und ihm seine Aufgabe genügen, denn sie erfüllt, würdig gehandhabt, vollkommen eine Existenz.

Werden solche führende Kritiker (die Zeit, Musse und Ruhe haben, sich universal und gerecht zu orientieren) in Deutschland ermöglicht, so wird auch hier ihnen eine Leserschaft, das ihrer Verlässlichkeit verlässlich folgt, nicht fehlen. Aber solang das Pèle-Mele von fünfzig Zufallsrezensenten an derselben Stelle, jeder mit anderm Masstab und anderer persönlicher Einstellung, durcheinanderpaukt, muss das Publikum sich desorientiert fühlen und ich kann ihm in seinem Misstrauen nur herzlich recht geben.

Stefan Zweig

habe er, Stefan Zweig, »doch wieder zu viel Kameradschaftsgeist um meinen Namensvetter [Arnold Zweig] durch eine heftige Berichtigung direkt ans Messer zu liefern, obwohl ein anderer im umgekehrten Falle das sicher getan hätte«. Deshalb also bat er seinen Verlag um Intervention.

Aber wie schon im Fall der »Marie Antoinette« zog Kippenberg es vor, lieber »gar nichts zu erwidern, da man die Sache damit nur aufrührt und verschlimmert«. Er wolle sich mit diesem Pech nicht besudeln, indem er es angreife. Im Übrigen sei er, Kippenberg, zuversichtlich, »daß sich die Sache bald totläuft, und daß man durch irgendwelche Berichtigungen den Leuten nur die erwünschte Gelegenheit gibt, weiter zu hetzen [...] Übrigens ist die Zeit jetzt so aufgeregt, daß kein Mensch mehr weiß, was er vor 8 Tagen gelesen hat.« Ein magerer Trost für den, der die Verleumdungsfolgen auszubaden hatte! Doch nach einigem Widerstreben fügte sich Zweig der Taktik seines Verlegers und schrieb ihm versöhnlich: »Sie haben es jetzt nicht leicht mit mir.« Und Anfang September 1933: »Drischt man auf mich Wehrlosen los, so muß ich's geschehen lassen und nur trachten, selbst im schwersten Unrecht nicht selber ungerecht zu werden.«

Das war nicht immer so. Noch Anfang März desselben Jahres hatte Zweig sich in einem Brief an Romain Rolland folgende Gedanken gemacht: »Was Not täte, wären Akte des Terrorismus, zum Beispiel dem Palais in Genf die Scheiben einzuschlagen [weil dort kurz zuvor auf einer internationalen Konferenz Entwarnung vor den Nazis gegeben wurde] – aber nicht im symbolischen Sinne, sondern mit wirklichen Steinen. Was wir brauchen, wäre eine Avantgarde (nach faschistischem Muster), eine ›Stoßtruppe‹, die für den Frieden die gleiche physische Brutalität gebraucht, wie die andern für den Krieg [...] Denn nichts macht mehr Eindruck, als das Sichtbare. Ich dachte an Plakate [...] in großen Städten mit Zeichnungen (das wäre eine Aufgabe für Masereel) und einen gemeinsamen Text in allen Sprachen [...] Ich habe einen Aufruf verfaßt, und wir haben Versammlungen abgehalten.«

Einen Monat später, im April 1933, beginnt er gegenüber Romain Rolland, die Vor- und Nachteile einer Auswanderung zu erwägen: »Bleiben heißt: leiden. Bedroht sein. Zum Schweigen gezwungen sein. Leben wie ein Gefangener. Fortgehen heißt: die andern im Stich lassen, die nicht durch den Erfolg ihrer Arbeit wenigstens materiell unabhängig sind. Fortgehen heißt: das Schiff als erster verlassen, wie ein feiger Kapitän. Ich glaube, ich werde mich entscheiden zu bleiben. Wie immer tun Emigranten denen, die bleiben, schreckliches Unrecht.« Denn die 500 000 Juden in Deutschland würden dann alle zu Geiseln. Wenn prominente Juden – wie Zweig es war – aufbegehrten, dann würden sie den Machthabern ja gerade das liefern, was diese wollten, nämlich Vorwände, um auf alle Juden einschlagen zu können. Hat also einer, überlegt Zweig, der 1933 im damals noch relativ freien Österreich lebte, »hat einer, der seine persönliche Freiheit genießt, das Recht, denen zu schaden, die im Kerker sitzen«? Würde eine öffentliche Intervention seinerseits »eine so große Wirkung haben, daß sie das Leiden tausender Geiseln rechtfertigt«? Vorerst also wolle er bleiben, »um diejenigen nicht im Stich zu lassen, die nicht fliehen können – es sei denn, man zwingt mich fortzugehen«. Denn auch strategisch hielt er es für wirkungsvoller, offenkundig und mit Gewalt abgedrängt zu werden, als freiwillig zu gehen. Das sei, schreibt er, vielleicht nicht heroisch, mache dafür aber sichtbar, »daß nicht nur die Aggressiven unterdrückt werden sondern daß auch die, deren Wesen die Aggression fremd ist, ihre Unabhängigkeit nicht bewahren dürfen«. So steht es in Briefen vom April und November 1933, die an Klaus Mann und Romain Rolland gerichtet sind.

Wenn Zweig 1933 noch die Vor- und Nachteile einer freiwilligen Emigration bedenkt, die Folgen abwägt, die ein solcher Schritt für die in Deutschland lebenden Juden nach sich ziehen könnte, und dann doch lieber noch ein ganzes Jahr abwartet, bis nicht er, sondern die Politiker den ersten Schritt tun, ihn außer Landes zu treiben, dann hat das nichts damit zu tun, dass er naiv, blind oder gar davor zurückgescheut wäre, seinen deutschen Markt und Umsatz zu verlieren, wie es ihm von einigen seiner Kollegen und in ihrem Gefolge noch heute von etlichen Exilforschern unterstellt wird, sondern mit Gründen einer Verantwortlichkeit und Moral, die solchen Mutmaßungen abgeht. Um den Machthabern auch nicht den leisesten Vorwand zu geben und »die Phantasie der Journalisten möglichst wenig zu beschäftigen«, sagte Zweig von nun an alle Verpflichtungen zu Auftritten und Vorträgen im Ausland ab, war doch kurz zuvor, im März 1933, ein deutscher Botschafter in Schweden bloß deshalb entlassen worden, weil er Lion Feuchtwanger zum Essen eingeladen hatte.

Aber auch sonst musste man auf der Hut sein, beispielsweise vor dem erpresserischen Maulkorb-Erlass der Reichsschrifttumskammer, wie ein Brief Stefan Zweigs vom 1. August 1933 an seinen amerikanischen Verleger Ben Huebsch zeigt: »Meine Verlagsangelegenheiten in Deutschland kommen jetzt allmählich in ein kritisches Stadium [...] Es wird nämlich ein Reichsverband Deutscher Schriftsteller gegründet, und wahrscheinlich wird nur derjenige in Deutschland Bücher erscheinen lassen können [...], der ihm angehört. Prinzipiell ist Juden der Beitritt nicht verwehrt, und die Herren haben sogar liebenswürdigerweise Formulare geschickt, mich um die Aufnahme zu bewerben. Diese Formulare enthalten nun die Verpflichtung, daß man im Sinne der nationalen Regierung wirken wird [...] doch kann ich mir nicht denken, wie man im Sinne der nationalen Regierung schreiben soll, deren erste

Manifestation es war, daß sie meine Bücher verbrannte. Die Sache ist fatal gut gedreht, so daß man als aufrechter Mensch nicht unterschreiben *kann* und die Herren nun sagen werden, sie hätten uns ja die Möglichkeit gelassen, aber wir bösen Leute hätten uns eben geweigert. Kurzum, wir sind daran schuldig, wenn wir nicht in Deutschland erscheinen können oder, wie das Sprichwort so schön sagt: ›Das Kaninchen hat angefangen‹ [...] Immer diese Tricks, um uns als die Angreifer hinzustellen: Es steckt eine grausame Heuchelei in ihrem Vorgehen [...] Sogar Brutalität ist erträglicher als diese organisierte Falschheit [...].« »Ich sehe für diese Pest kein anderes Ende als Krieg, weil der ideologische Herd der Bewegung ein *Wahn* ist, die Idee, von der reinen und allen anderen überlegenen Rasse, die alte Torheit von Jehova und Israel erfunden, von dem ›auserwählten Volk‹«, bemerkt er masochistisch in einem Brief an Rolland am 3. August 1933.

Trotz Anraten seines Verlegers unterschrieb Zweig diese Formulare nicht und ließ die Sache auf sich beruhen. »Denn«, betont er immer wieder, »die abwartende Haltung ist für uns heute die einzige richtige, weil sie jedem Unrecht, das man uns antut, den Vorrang gibt.«

Bereits im April 1933, drei Wochen nach Hitlers Ermächtigungsgesetz, wusste Zweig, was fünf Jahre später auf seine Heimat zukommen würde. Er schrieb es an Romain Rolland: »Österreich ist verloren, der ›Anschluß‹, eine Frage von kurzer Zeit. Keine Illusion darüber.« Er ahnte das Goebbels'sche Beschönigungsvokabular vom sogenannten Anschluss also schon fünf Jahre vorher.

Wofür er nun zu werben beginnt, ist eine Solidarisierung aller zur Emigration gezwungenen Künstler. Er möchte einen Gemeinschaftsverlag, eine Aktionseinheit gründen, weil er die Zersplitterung der besten geistigen Kräfte befürchtet, wie 1918, »als 800 wirkungslose Friedensvereine und 200 Friedensblättchen in den verschiedenen Ländern gegründet wurden, statt *einer* schlagkräftigen Organisation«.

Er schreibt das im Juni 1933 an Klaus Mann, Werfel und Thomas Mann, Schickele und alle die emigrierten Kollegen in der deutschen Schriftstellerkolonie im südfranzösischen Sanary-sur-mer, er schreibt es an Emil Ludwig, Albert Einstein, Joseph Roth, Romain Rolland, Frans Masereel, kurz allen ihm zugänglichen Kollegen. Denn mittlerweile war auch er selbst weiter unter Druck geraten, seine Bücher waren am 10. Mai 1933 öffentlich verbrannt worden, einem Datum, das er seinem Freund Rolland gegenüber als »Tag des Ruhms« bewertet, wenn er auch gern auf diese makabre Reklame verzichtet hätte. »Was Not täte«, betont er in einem Schreiben an Klaus Mann, »wäre *eine* große Zeitschrift, *eine* Zusammenfassung aller Verlage in einem, denn zusammen stellen die abgetrennten Autoren eine Weltmacht dar, einzeln ist kaum einer imstande, einen wirklich großen Verlag zu tragen. Es entsteht nun die Gefahr, daß wir durch einzelne Abschlüsse und Bindungen eigentlich *gegen*einander arbeiten, die wir durch gemeinsames Schicksal verbunden sind.«

Solch eine konzertierte Aktion kam natürlich nicht zustande. Sie scheiterte, wie leider so oft, an mangelnder Kommunikation, ideologischen Meinungsverschiedenheiten, an Eitelkeiten, Eifersucht und Partikularinteressen, die gegeneinander arbeiteten, wo nur durch Einigkeit etwas hätte bewirkt werden können. Wieder einmal dachte jeder nur an sich selber.

Dennoch bleibt es fraglich, ob ein solcher Zusammenschluss gegen die Massenhysterie des Faschismus und gegen die »perverse Faszination, daß Menschen sich drängen, ausgerechnet demjenigen zuzujubeln, der sie unter das Joch zwingt«, hätte wirklich etwas ausrichten können. Vielleicht müssen sich Ideologien austoben wie Seuchen und sich selber ad absurdum führen, damit die Menschheit wieder einmal für ein paar Generationen dagegen immunisiert ist. Dies aber war nicht mit Nadelstichen und Eintagsfliegen zu schaffen, nicht mit kurzatmigen, nur auf den aktuellen Anlass reagierenden journalistischen Retourkutschen, welche auf die Polemik polemisch antworteten und sich gegen Aggression gleichfalls auf aggressive Weise zur Wehr setzten, sondern mit der Darstellung von Alternativen und Vorbildern. Denn »nur die Vorbilder helfen im moralischen Sinne, nie die Programme und Worte«, bemerkt Stefan Zweig. Auch die Platzpatronen der Notwehr hielt er für wenig effizient: »Die einzige Antwort auf all die Diskriminierungen ist der Wert dessen, was wir schaffen. [...] Kämpfen können die andern auch, das haben sie bezeugt«, schreibt er 1933 an Klaus Mann, »so muß man sie auf dem andern Gebiet schlagen, wo sie inferior sind, und in künstlerisch unwidersprechlicher Form die Bildnisse *unserer* geistigen Helden aufzeigen [...] Ich sage nicht, daß der Künstler schweigen muß, aber er darf im Kampf nicht unter sein Niveau herabsinken.«

Der Anlass, warum der 25 Jahre ältere Stefan Zweig, der diese Erfahrungen bereits aus dem Ersten Weltkrieg hinter sich hatte, dem damals 27-jährigen Kollegen Klaus Mann dies zu bedenken gab, war dessen nachdrückliche Werbung um Zweigs Mitarbeit bei der Exilzeitschrift »Die Sammlung«. Zweig versprach ihm für die erste Nummer dieses Monatsjournals ein Kapitel aus seiner neuen Erasmus-Biographie, freilich nicht ohne nochmals zu betonen: »vorausgesetzt, daß die Zeitschrift nicht einen direkt aggressiven Charakter hat«. Denn Leute wie die Nazis, »die jede Idee dem Parteigedanken unterordnen«, könne man nicht bekehren. »Es hat keinen Sinn zu jemand zu sprechen, der sich die Ohren verstopft.« Vier Tage später erhielt er die Antwort Klaus Manns: »Nein, die Zeitschrift soll literarisch werden, nicht aggressiv im tagespolitischen Sinn. Ihr oppositionelles Gesicht wird sich schon aus der Zusammenstellung der Mitarbeiter ergeben.«

Diese Absicht aber konnte Klaus Mann nicht durchhalten. Die Beiträge seines Onkels Heinrich Mann und Alfred Kerrs gleich schon im ersten Heft waren durchaus polemisch. Und kaum war die erste Nummer der »Sammlung« erschienen, erhielten die Verleger jener Schriftsteller, welche Klaus Mann ihre Mitarbeit zugesagt hatten, eine Aufforderung des Propagandaministeriums, dass diesen Autoren ein Widerruf abzuverlangen sei. Schon zuvor, nur wegen der Ankündigung, dass Stefan Zweig bei der »Sammlung« mitmachen würde, war der Insel Verlag so sehr unter politischen Druck geraten, dass Anton Kippenberg das geforderte Dementi Stefan Zweigs lieber gleich selbst verfasste. Darin heißt es: Er habe Klaus Mann, nachdem dieser ihm zugesichert hatte, dass »Die Sammlung« eine rein literarische und keine politische Zeitschrift sein würde, versprochen, ein Kapitel aus seiner noch unveröffentlichten Erasmus-Biographie zum Vorabdruck zu geben. »Eine ständige Mitarbeit«, um die Klaus Mann geworben hatte, »habe ich ihm nie in Aussicht gestellt. Nachdem ich nunmehr die erste Nummer der Zeitschrift gesehen habe, mußte ich zu meiner größten Überraschung feststellen, daß es sich nicht um ein rein literarisches, sondern ein zum größten Teil politisches Blatt handelt [...] Ich habe bereits an den Herausgeber geschrieben, daß ich unter diesen Umständen an der Zeitschrift keineswegs mitarbeiten würde und ihn ersucht, meinen Namen in der Liste der Mitarbeiter nicht mehr aufzuführen.«

Von der Absicht Kippenbergs, dieses von ihm selbst im Namen Stefan Zweigs verfasste und an den eigenen Verlag gerichtete Schreiben anders als intern gegenüber den deutschen Behörden zu verwenden und es gar vom »Börsenblatt für den Deutschen Buchhandel« veröffentlichen zu lassen, wusste Zweig nichts. Dort erschien Kippenbergs Brief im Oktober 1933, plakativ auf rotem Papier, gemeinsam mit ähnlichen Distanzierungen, die Gottfried Bermann Fischer seinen Autoren Thomas Mann, René Schickele und Alfred Döblin abverlangt hatte. Noch dazu in einer Form, als ob diese Schreiben eigens an das inzwischen gleichgeschaltete »Börsenblatt« adressiert gewesen wären. Da es sich bei der »Sammlung« um die erste Zeitschrift der Exilautoren handelte, musste dies bei den bereits emigrierten Schriftstellern den Eindruck erwecken, als hätten ihre Kollegen eine Kehrtwendung nach Deutschland gemacht und wollten den Emigranten in den Rücken fallen.

Erst drei Wochen später in London erfuhr Zweig aus Presseangriffen und Briefen von der unautorisierten Veröffentlichung des von Kippenberg in seinem Namen verfassten Schreibens und stellte ihn zur Rede, weshalb er es nicht einmal für nötig gehalten habe, ihn davon zu unterrichten, geschweige denn, ihm das »Börsenblatt« zu senden. Diese Affäre sei für ihn eine Katastrophe, von deren Reichweite Kippenberg nichts ahnen könne, denn mittlerweile habe die Hetze gegen ihn auch auf das Ausland übergegriffen, wo er in allen Sprachen und mitunter sogar von ehemaligen Freunden als ein »Verräter der Emigration« bezeichnet werde.

Der Verleger entschuldigte sich damit, dass »aus bestimmten Gründen die größte Eile geboten« gewesen sei, doch wolle er ihm diese lieber nicht schriftlich, sondern bei einem möglichen Treffen in seinem Urlaubsort Partenkirchen mitteilen. »Ich glaube«, antwortete ihm Zweig am 11.11.1933 aus London, »daß nach diesem Vorfall die bisherige Situation nicht mehr haltbar ist. Nun wird es an uns sein, mit derselben Einverständlichkeit und Klarheit, mit der wir durch Jahrzehnte den Aufbau und die Gestaltung des Verlages so oft gemeinsam erwogen haben, an Abbau und Lösung heranzutreten.« Denn länger noch dürfe er die von Kippenberg immer wieder neu erwirkte Duldung seiner Bücher nun seinerseits nicht mehr dulden.

Den letzten Anstoß zu dieser Entscheidung mag ein vier Tage zuvor geschriebener Brief Joseph Roths gegeben haben, der Zweigs dreißigjährige Symbiose mit dem Insel Verlag in den Wind schlug als falsche Loyalität mit »einem Geschäftsfreund, einem braven bornierten Menschen«. Das Beste, was man von Kippenberg sagen könne, sei, dass er schwere Tausende an Zweigs Büchern verdient habe und allein dadurch, dass der Verlag in Deutschland bleibe, alles zunichtemache, was er an Zweig und sonst Gutes getan habe. Aber auch das Gute sei nur Geschäft. »Schon jeder gewöhnliche deutsche Staatsbürger ist ein arschleckender Angestellter des Staates; geschweige denn der Verleger der Insel, oder Fischers. (Ich wünsche ihnen allen das Konzentrationslager). [...] Der Insel Verlag wird erfreut sein, wenn Sie gehen. Sie sind heute eine Belastung für die Insel. Man schämt sich des Juden. [...] Für Deutschland sind Sie, (ich), Arnold Zweig, Fischer, Feuchtwanger, Thomas, Heinrich, Klaus Mann die gleiche jüdische Scheiße.« So weit Joseph Roth in seinem Schreiben an Stefan Zweig.

»Ihr jungen Leute«, verteidigt sich daraufhin Zweig, »die ihr nur ein Gastspiel von 3-5 Jahren in der deutschen Verlagswelt gehabt habt und mit Eurem Verlag [ins Exil] übersiedeln konntet, habt eben keine Ahnung, daß für Thomas Mann und mich Bindungen bestehen, die nicht über Nacht zu lösen waren [...] Glauben Sie doch nicht, daß ich so ein Esel oder Schwächling bin, mich von Deutschland ›dulden‹ oder still boykottieren zu lassen [...] schreit nicht gleich ›Verrat‹, wo ihr nicht versteht (auch bei Thomas Mann nicht, diesem Menschen höchster Redlichkeit, der es als Arier gar nicht nötig hatte, die jüdische Suppe mitzulöffeln) [...] Wäre mein Vorschlag einer Zusammenkunft damals realisiert worden, wir hätten durch eine einheitliche Haltung Riesenkräfte gehabt, während heute zum Gaudium der Nazis, einer über den anderen herfällt.« Am 8. Dezember 1933 trafen sich Zweig und sein Verleger in Zürich mit dem Ergebnis, dass ihre geschäftliche Beziehung vorläufig als aufgehoben erklärt wurde.

Nicht mehr zu umgehen war nun auch Zweigs Abschied von Salzburg, das ihm schon 1933 »allzu nationalsozialistisch« vorkam. Im Februar 1934, wohlgemerkt erst nachdem die Nazis den ersten Schritt, ihn zu vertreiben, unternommen hatten, nämlich in Form einer Razzia in seinem Heim auf dem Kapuzinerberg, hat er die Stadt verlassen, ist nach England, 1940 in die USA und ein Jahr später nach Brasilien ausgewandert.

Von 1934 bis 1938, bis zum sogenannten »Anschluss« Österreichs, publizierte er seine Bücher bewusst nicht in einem der typischen Emigrantenverlage, sondern in einem neuen Verlag, der eigens von ihm zu diesem Zweck in Wien ins Leben gerufen worden war. Als Verleger konnte er Herbert Reichner gewinnen, der als ehemaliger Herausgeber einer Zeitschrift für schöne Bücher alle Voraussetzungen mitbrachte, um seine Produktion auf eine Weise auszustatten, die nicht hinter dem Niveau des Insel Verlags zurückblieb. Für das inhaltliche Verlagsprogramm – ich nenne hier nur die erste Publikation von Elias Canetti, den Roman »Die Blendung« – sorgte (wie schon bei der »Insel«) Stefan Zweig. Doch sollte auch die neue Verlagsbeziehung mit einer menschlichen und politischen Enttäuschung enden.

In der Blamage der Nationalsozialisten, dass ihr Präsident der Reichsmusikkammer, Richard Strauss, wegen der Vorgänge um Zweigs Libretto zur Oper »Die schweigsame Frau« seines Amtes enthoben werden musste, gipfelt Zweigs kontraproduktive Rolle für das Dritte Reich. Wohl keiner seiner militanteren Kollegen unter den Exilschriftstellern hat den selbstherrlichen Machthabern so zugesetzt wie dieser so friedfertige Autor.

Der 20-jährige Stefan Zweig

»DISTANZ VON DER HEIMAT VERÄNDERT DAS INNERE MASS«

Indien im Werk von Stefan Zweig

Stefan Zweig war gerade 27 Jahre alt geworden, als er nach Indien aufbrach. Er stand damals erst am Beginn seiner schriftstellerischen Laufbahn, hatte aber schon einen Novellenband, zwei Gedichtbücher, ein Trauerspiel sowie Monographien über die französischen Dichter Honoré de Balzac und Paul Verlaine veröffentlicht und soeben einen der wichtigsten deutschen Verlage gefunden, den berühmten Leipziger Insel Verlag, der bereit war, sich seiner künftigen Werke anzunehmen, wo sie dann auch drei Jahrzehnte lang erschienen, bis es die Nationalsozialisten unmöglich machten. In Wien hatte er kurz vor Antritt der Reise eine erste eigene Wohnung bezogen und war ein vielbegehrter Mitarbeiter und Rezensent an zahlreichen Zeitungen und Zeitschriften. Diese journalistischen Aktivitäten hatten ihn auch mit Walther Rathenau zusammengeführt, dem künftigen Außenminister des Deutschen Reiches, der 1922 von radikalen Demokratiefeinden ermordet werden sollte. Rathenau, der sofort die vielversprechenden Talente des enthusiastischen jungen Wieners erkannt und gespürt hatte, wie viel Positives und Völkerverbindendes aus solchen Anlagen entstehen konnte, sobald das Blickfeld über Europa hinausreichte, hatte Zweig dazu ermuntert, sich erst einmal die Welt anzusehen, um seinen Idealismus an realistischen Maßstäben zu orientieren und sich für sein künftiges Werk einen größeren Horizont zu erschließen. »Sie können unseren Kontinent nicht verstehen, solange Sie nicht mindestens einmal über ihn hinausgekommen sind. Sie sind ein freier Mensch, nützen Sie die Freiheit! Die Literatur ist ein wundervoller Beruf, weil in ihm die Eile überflüssig ist. Warum fahren Sie nicht erst einmal nach Indien oder Amerika?« – »Dieses zufällige Wort« (von Walther Rathenau) – erinnert sich Stefan Zweig in seiner Autobiographie »Die Welt von Gestern« – »schlug in mich ein, und ich beschloß sofort seinem Rat zu folgen.« 1908 bereiste er vier Monate den indischen Subkontinent, und drei Jahre später kam es zu seinem ersten zweimonatigen Aufenthalt in den USA.

Wie der große indische Dichter Rabindranath Tagore kam auch der genau 20 Jahre jüngere Stefan Zweig aus einem wohlhabenden Elternhaus. Sein Vater war ein jüdischer Tuchfabrikant aus Böhmen, seine Mutter entstammte einer in Frankreich, Italien, der Schweiz und den USA tätigen Bankiersfamilie. Ihre Ehe war das, was man glücklich nennt, so dass die beiden Söhne – Alfred und der zwei Jahre jüngere Stefan – eine wohlbehütete und sorgenfreie Kindheit voller Anregungen erlebten. Denn sie sind in einer der Kulturmetropolen Europas, in Wien, der Hauptstadt des damaligen habsburgischen Vielvölkerstaates, geboren und aufgewachsen. Dem aufgeweckten und geistig überdurchschnittlich beweglichen Stefan Zweig schien alles zu glücken. Schule und Universität, die er schon im Alter von 23 Jahren mit einer Dissertation über den französischen Geschichtsphilosophen Hippolyte Taine abschloss, machten ihm nicht die geringsten Probleme. Trotzdem war er 1904 doch erleichtert, diese Jahre der Fremdbestimmung so schnell wie möglich hinter sich gebracht zu haben.

Die Irrwege, die ein Kollege wie Hermann Hesse, Sohn armer Missionare aus einer provinziellen Kleinstadt, durchlaufen musste im Widerstand gegen die Berufsvorstellungen seiner Eltern, sind Stefan Zweig erspart geblieben. Seine Eltern legten ihm keinerlei Steine in den Weg zum ersehnten Schriftstellerberuf, bestanden allerdings darauf, dass er sein Philosophie- und Literaturstudium mit einem Doktortitel krönen müsse. Zweig hatte also nicht wie Thomas Mann, Hermann Hesse und unzählige andere Schriftsteller in seinem Werk frühe Verletzungen, Repressionen, Anpassungsprobleme und die daraus folgenden Minderwertigkeitsgefühle zu kompensieren, sondern sein Werk entstand aus einem sowohl intellektuellen wie materiellen Überfluss.

Im Gegensatz zu Hermann Hesse, der vier Jahre älter war, einer Familie von Indienmissionare entstammte und seine Asienreise erst drei Jahre nach seinem Kollegen unternahm, war Stefan Zweig kaum vorbereitet auf das indische Abenteuer. Er hatte dort keine verwandtschaftlichen Wurzeln, kannte vergleichsweise nur einen Bruchteil von Indiens Literatur und Kulturgeschichte. Weil man aber immer nur das sieht, was man kennt, sind seine Beobachtungen zwar unbefangener als diejenigen Hesses, aber auch europäisch-oberflächlicher, obwohl er sich besser verständigen konnte als sein Kollege. Sein Schulenglisch hatte Stefan Zweig durch mehrmonatige Aufenthalte in London perfektioniert, während Hesse in seiner kurzen Schulzeit zwar Latein, Altgriechisch und Hebräisch, doch keine aktuellen Fremdsprachen gelernt und sich das Englische erst mehrere Monate vor Antritt der Reise autodidaktisch anzueignen versucht hatte.

Hesse war ein bereits etablierter und erfolgreicher Autor, als er sich auf diese Reise begab, war verheiratet und hatte eben einen dritten Sohn bekommen, Zweig dagegen noch ungebunden. Doch beide spürten sie, dass etwas faul war in Europa, dass das unbekümmerte Dahinleben in materieller Prosperität und die Fortschrittseuphorie des hektischen Frühkapitalismus auf tönernen Füßen standen. »Sehnsucht nach Indien«, überschrieb Stefan Zweig denn auch vor Antritt der Reise einen seiner Aufsätze, und in einem kurz darauf an Ellen Key gerichteten Brief lesen wir: »In drei Monaten trete ich meine große Indienreise an, und die ist mir wichtiger als alles andere. Sie ist ein Abschluß und hoffentlich ein Anfang von Neuem.«

Am 19. Dezember 1908 legte sein Schiff in Bombay an, und von dort reiste Zweig nach Gwalior, Agra, Delhi, Varanasi, Kalkutta und Darjeeling (wo er sich am wohlsten fühlte), kehrte zurück nach Kalkutta, um daraufhin nach Burma aufzubrechen und auf dem Irrawaddy nach Rangun zu fahren. Nach fünftägigen Ausflügen in Indochina setzte er mit dem Schiff auf dem Golf von Bengalen nach Madras über, fuhr von dort südwärts ins Landesinnere nach Tiruchirappalli, dann an die Südküste, um nach Colombo, auf die Insel Ceylon (Sri Lanka) überzusetzen. Hier hielt er sich knapp einen Monat auf, also etwa ebenso lang wie in Vorderindien, dem größten und beschwerlichsten Teil seiner Reise.

Was Walther Rathenau mit seinem Wink bezweckt hatte, war eingetreten: »Distanz von der Heimat verändert das innere Maß«, resümiert Stefan Zweig in seiner Autobiographie. »Manches, was mich früher über Gebühr beschäftigt hatte, begann ich nach meiner Rückkehr als kleinlich anzusehen und unser Europa längst nicht mehr als Achse des Weltalls zu betrachten.«

Das erste Ergebnis dieser insgesamt viermonatigen Reise waren drei Aufsätze, die er kurz nach seiner Rückkehr in Paris verfasste, einen über »Gwalior, die indische Residenz«, einen über Varanasi, »Die Stadt der tausend Tempel«, und einen ganz anders gearteten mit dem vorausblickenden Titel »Die indische Gefahr für England«, außerdem ein Gedicht über das Mausoleum Tadsch Mahal.

Zweigs Impressionen von Gwalior und dem damaligen Benares sind Studien, die das für uns Europäer Exotische, Märchenhafte und Folkloristische festhalten. Doch gibt es darin auch kritische Aspekte, die sich auf die Korrumpierbarkeit der damaligen Maharadschas durch die englischen Kolonialherren beziehen. Der Maharadscha von Gwalior, einer der reichsten indischen Fürsten, schreibt Zweig, sei mit seinen Bemühungen um die Schönheit seiner Residenz doch allzu sehr darauf bedacht, es den Europäern recht zu machen. »Er hat auf einen breiten Platz ein neues Postamt in griechischem Stil gestellt, eine Markthalle in englischer Gotik.« Dessen Palast habe europäische Appartements, und der Fürst selbst sei ein Herr im Sportkostüm, Knickerbockers und protzigem Automobil. So entschwinde die Eigenart der indischen Fürstenhöfe in eine oberflächliche Kopie europäischer Kultur. Nach und nach werde das Besondere dieser schönen Städte verloren gehen, und der fremdenfreundliche Fürst werde seinen Gästen bald wenig mehr zu bieten haben. Denn »der Reisende sucht immer das Andere, das Fremde und nicht das Eigene, und wird in Indien nicht Europa wiederfinden wollen, sondern Indien selbst«.

In Varanasi, dem Zentrum des Shiva-Kultes, sah Zweig sich so eindringlich wie nirgendwo sonst mit hinduistischer Religiosität konfrontiert. Hier könne man, vermerkt sein Bericht, die glühende Flamme des Glaubens, die geheimnisvollen Hoffnungen der Menschen erleben und zugleich begreifen, warum Indien so lange die Knechtschaft fremder Völker und die Ketten des Kastensystems ertragen habe. Aber der Fatalismus der Inder und der gleichzeitige Fanatismus religiöser Verzückung blieben ihm fremd. »Wer könnte sagen«, schließt sein Bericht, »welches die geheimnisvolle Hoffnung ist, der diese Menschen entgegenleben, daß sie alles, was uns Genuß und Begier ist, als unrein, als Schein und Trug verschmähen, daß sie diesen heimlichen Stolz hinter all der Demut nähren, mit der sie ihr armes Leben ertragen. Ihr Glück und Leid, ihr Streben und ihre Träume wissen von den unseren nichts, wir nichts von den ihren. Fremdheit ist das letzte Gefühl.«

Vielleicht war Stefan Zweig mit seinen 27 Jahren damals noch zu jung und fortschrittsgläubig, um dieses leidensbewusste Weltbild nachvollziehen zu können. Dazu bedurfte es erst noch erheblicher Schicksalsschläge, nicht zuletzt seiner vergeblichen Anläufe gegen zwei Weltkriege, bis auch er sich ernüchtert in sein Los fügte und diese Hölle der Vergeblichkeit schließlich freiwillig verließ. »Als ich in Indien war«, schrieb Zweig zwölf Jahre nach seiner Rückkehr an Romain Rolland, habe seiner Jugend der Sinn gefehlt, »dort die Schönheiten des Geistigen zu suchen. Ich sah nur tote Monumente und ewige Natur.«

Der dritte Aufsatz, »Die indische Gefahr für England«, den Stefan Zweig 1909 veröffentlichte, könnte auch heißen »Die englische Gefahr für Indien«. Hier blieb er nicht mehr an der Oberfläche eines touristischen Impressionismus, sondern zeigt, wie genau er auch die realpolitischen Probleme durchschaut hat. Anlass dieses Aufsatzes war ein Attentat in London. Ein junger Hindu hatte den Adjutanten des britischen Vizekönigs in Indien, Sir Curzon Wyllie, erschossen. Ein erstes Signal also für die allmählich einsetzende Befreiung Indiens von 150 Jahre langer britischer Kolonialpolitik. Zweig nimmt dieses Ereignis zum Anlass, um zu ergründen, wie es denn damals nur 70 000 englischen Soldaten unter den nur 200 000 in Indien lebenden Europäern möglich war, ein 400-Millionen-Volk niederzuhalten. Es gebe indische Städte mit Hunderttausenden von Einwohnern und nur fünf oder sechs Europäern. »Aber diese haben die ganze Macht in ihren Händen: die Bahn, die Bank, den Telegraf, das Residenzschloß und das Gefängnis. Sie sind die Verwalter Englands.« Geldbeträge in Milliardenhöhe gingen durch ihre Hände, aber nicht in das Gastland, sondern auf die ferne europäische Insel. Und diejenigen, die in Indien noch Herrscher zu sein glaubten, »die Maharadschas, die mit ihren Prunkschlössern, mit den juwelenbesetzten Schwertern und kostbaren Gewändern königlicher erscheinen als alle Herrscher des Abendlandes«, seien Marionetten, denen es als höchste Ehre vorkomme, beim »state-ball« in Kalkutta vom britischen Vizekönig empfangen zu werden.

Dann führt er aus, mit welchen Methoden die Engländer es geschafft hätten, Indien von Ceylon bis hinauf an die

Grenze Afghanistans zu beherrschen, wie sie die nationalen Rivalitäten, die Spannungen zwischen den unterschiedlichen Rassen, Sprachgruppen, Religionen und Kasten gegeneinander ausgespielt hätten, um sich selbst mit Hilfe ihrer Technologie, dem Bau von Eisenbahnen, Krankenhäusern, Schulen, Universitäten, mit der Erschließung von Bodenschätzen, der Industrialisierung und der Rationalisierung landwirtschaftlicher Anbaumethoden zu einer neuen göttergleichen Kaste zu erheben.

Er verschweigt aber auch nicht, wie viel Positives Indien damit gewonnen hat und dass es keinem der kolonisierten Völker ähnlich gut gegangen sei. Soviel Geld die Engländer Indien auch abgepresst hätten, es selbst sei dabei reicher geworden, seit Baumwolle angepflanzt, Öl, Kohle, Magnesit und andere kostbare Erze erschlossen worden seien. Aber es bleibe Englands tragische Schuld, dass es weder den gebildeten Inder noch den Halfcast gesellschaftlich anerkannt habe. Alle hohen Stellungen blieben den Engländern reserviert.

»Die Engländer sind nie Anglo-Inder geworden […] Nicht wie in Amerika, Australien, Rhodesien haben sie sich amalgamiert, sind sie sesshaft geworden, sondern wie Deportierte leben sie dort und zählen die Jahre bis zur Heimkehr […] Sie lieben das Land nicht, das ihre Gesundheit aussaugt und ihr Familienleben zerreißt. Heimat heißt für sie immer noch England.« Der britische Beamte trete im Alter von 20 Jahren seinen Dienst in Indien an, mit 40 kehre er nach England zurück, und dorthin müsse ihm dann die indische Regierung oft 30 oder 40 Jahre lang eine stattliche Rente zahlen. »Das […] fördert die Erbitterung der gebildeten Inder, die mit Recht behaupten, für einen Teil des Gehaltes die gleichen Dienste zu tun.«

Auf seiner Reise durch Indien sei er zwar überall auf Höflichkeit, ja Devotion, gestoßen. Man sei dort sogar sicherer als in Europa, und noch habe er dort keinen Hass bemerkt. Die Fäuste seien noch nicht offen geballt. Gleichwohl sei Indien für das britische Empire die empfindlichste Stelle: »Wie ein Tierbändiger zwischen den geduckten Tigern, mit ewig wacher Willensanspannung jedes Zucken einer Pranke, jedes Murren und Blinzeln der Bestien verfolgt, um sich vor einem jähen Ansprung zu schützen, so lauscht man in England angstvoll auf jedes [...] Symptom der Unruhe im indischen Reich.« Und darum könne der Rauch aus der Pistole des Hindu, schließt Zweig im Juni 1909 seinen Zwölf-Seiten-Bericht, »zu einer dichten, dunklen Wolke werden, die nun mit der Schwüle eines furchtbaren Gewitters über ganz England lastet«.

Das furchtbare Gewitter, das der Dichter hier vorausspürt, sollte freilich erst einmal über Europa niedergehen, bereits fünf Jahre später, im Ersten Weltkrieg. Zweig, der – nach einigen patriotischen Fieberanfällen – schon bald wieder auf Völkerverständigung bedacht ist, schließt sich im Verlauf des Krieges mehr und mehr dem französischen Kollegen Romain Rolland an. Wie Hermann Hesse hatte dieser sich der Kriegsgefangenenfürsorge gewidmet und – angefeindet von seinen Landsleuten – auch auf journalistischem Wege den Krieg zu verkürzen versucht. Vergeblich. Denn gegenüber den Machtinteressen der Politik versagten fast alle humanitären Bremsen, obenan die Universitäten und christlichen Kirchen. Denn unsere akademischen Repräsentanten wie auch die Vertreter der Kirchen seien schließlich Beamte, die ihr Gehalt vom Staat beziehen. Wer sich nicht fügte, riskierte seine Existenz. Und so segneten denn auch die Vertreter christlicher Nächstenliebe die Kanonen und beteten in Frankreich wie in Deutschland, in England wie in Italien zum selben Gott – um die Vernichtung des Feindes.

Der Verlust der christlichen Autoritäten an Glaubwürdigkeit hat nach dem Krieg in den besiegten Ländern Europas zu einer nie dagewesenen Aufgeschlossenheit für alternative Religionen und Weltbilder beigetragen, vor allem für die Spiritualität Indiens. So ist es kein Zufall, dass die erste seriöse Übersetzung der Reden Buddhas erst bei Kriegsende 1918 bei uns zu erscheinen begann. Und es ist auch kein Zufall, dass Stefan Zweig und Hermann Hesse die einzigen namhaften Autoren waren, die sich – der eine in Österreich, der andere in Deutschland – öffentlich für dieses religiöse Menschheitsdokument einsetzten. Der Übersetzer Karl Eugen Neumann, der das zehnbändige Werk erstmals direkt aus dem Pali ins Deutsche übertragen hatte, war 1915 gestorben. Und Stefan Zweig, mit seiner Sympathie für alle Außenseiter und Zukurzgekommenen, machte sich sofort zu seinem Anwalt: »Niemand hat Neumanns Mühe teilnehmend begleitet«, schreibt er 1919, »keine Universität hat ihn geehrt, keine Bestätigung hat diesen Einsamen ermuntert und ihm die Anstrengung gelohnt.« Dann kommt er als Dichter auf die Sorgfalt der Übersetzung zu sprechen, die den Rhythmus und die Musik des Originals bewahrt und damit die deutsche Sprache um ein neues und ganz unverwechselbares Element bereichert hat. »Daß ein solches Werk der Weisheit, das Wort Buddhas, eines der edelsten und größten Lehrer der Menschheit«, erst so spät zu uns kam, hielt er für unbegreiflich.

Er vergleicht Buddhas Kunst der Leidenschaftslosigkeit mit dem ganz anders gearteten Pathos des Alten Testaments und der Überschwänglichkeit des Korans, fasziniert von der Überzeugungskraft buddhistischer Toleranz und Sanftmut. Er warnt den ungeduldigen abendländischen Bücherkonsumenten: Wer Buddhas Reden begierig einzig auf Handlung lese, sei verloren. Nur wer sich auf den behutsam-regelmäßigen Wellenschlag ihrer Melodik, auf Buddhas begierdelose Liebe und seine Brüderlichkeit mit allen Formen des Lebens einlasse, spüre den unvergleichlichen Zauber seiner Lehre, der allen

Stress, alle Unrast und Überreizung der Nerven abklingen lasse. Bald darauf wurden bei uns endlich auch die hinduistischen Schriften der Veden, die allegorische Versdichtung der Bhagavadgita und die Upanischaden übersetzt und stießen im besiegten, entwurzelten Deutschland auf eine zuvor undenkbare Aufgeschlossenheit für neue Formen sittlicher Orientierung und Spiritualität.

Kein Wunder, dass Rabindranath Tagore, als er 1921 auf seiner Vortragstournee durch Europa nach Deutschland kam, wo er Geld und Mitarbeiter für die von ihm geplante Hindu-Universität im bengalischen Shantiniketan sammelte, auf eine überwältigende Welle von Sympathie stieß. Der dekorative weißhaarige Sechzigjährige mit Vollbart und langem Gewand hatte allerdings nichts vom introvertierten Pykniker Buddha, sondern eher das Charisma einer gütigen Gottvaterfigur, die man nur anzusehen brauchte, um seine Lehre verkörpert zu finden. Auf solch eine das Alttestamentarisch-Christliche wie das Indische verkörpernde Nobelpreis-Autorität konnte sich nun das ganze religiöse Vakuum projizieren, das durch die Korrumpierbarkeit des christlichen Klerus im Krieg entstanden war. Stefan Zweig jedoch schätzte in Tagore eher den Dichter, den gemeinsamen Freund von Romain Rolland und Gandhi, und fand die Art, wie man seinen bengalischen Kollegen in Deutschland feierte, »bei bester Absicht doch ein wenig überlaut und gewaltsam«. Über Tagores Gedichte hatte er kurz zuvor an Romain Rolland geschrieben: »Welche Weisheit, welche Schönheit! Ich bin glücklich, daß ein solcher Mensch unter uns lebt und uns hilft, die Weisheit zu verbreiten.« Und in Zweigs Briefen an einen von Tagores ersten deutschen Biographen, an Heinrich Meyder-Benfey, lesen wir 1921: Tagores Lyrik sei »von einer so großen seelischen Lauterkeit, wie man sie von einem zeitgenössischen Autor gar nicht erwarten würde […] Ich habe die Freude gehabt, Tagore hier im Bahnhof Salzburg, wo er [unterwegs zu einem Vortrag in Wien] eine halbe Stunde Aufenthalt hatte, allein zu sehen: es war mir ein starker Eindruck, die besonnene Klarheit dieses seltenen Mannes zu fühlen [...] Sicher ist Tagore kein Philosoph, sondern ›nur‹ ein weiser Mensch, der voll Güte sein Wissen weitergibt. Daß heute 50000 Menschen vorgeben, seinem Buch ›Sadhâna‹ nahe zu sein, ist natürlich eine Übertreibung und ein Danebenverstehen, aber schließlich ist es gut, denn solche reinen, tröstlichen Bücher sollen zu möglichst vielen Menschen gelangen.«

Für Tagores »Sadhâna« setzte er sich damals auch in einer Buchbesprechung ein: »Tagore ist einer der wenigen geistigen Glücksfälle in unserer an moralischen Persönlichkeiten so armen Epoche. Das scheint mir davon zu kommen, daß die drei wesentlichsten Probleme, die uns durch den Krieg eindringlich ins Bewußtsein gedrängt worden sind, das Problem der Gewalt, das der Macht und das des Besitzes von keiner Nation so eigenartig, so tief und so menschlich betrachtet worden sind wie von den Indern.« Tagores »Sadhâna« sei ein heilsames Kontrastmittel. »Der ganze Wahnsinn unserer Betriebsamkeit und Organisation, unserer Kriegswut und unseres Nationalismus wird erst recht klar, wenn wir ihn [anhand dieses Buches] von außen aus der Hemisphäre eines anderen Denkens und Fühlens betrachten.« Letztlich sei dies auch der Grund, warum Tagore, der die Lebendigkeit und Gültigkeit alter indischer Traditionen bezeuge und erneuere, auf Europäer so unwiderstehlich verlockend wirke.

Wie bei Hermann Hesse hatte es auch bei Stefan Zweig der Katastrophe des Ersten Weltkriegs bedurft, um eine intensivere Auseinandersetzung mit indischer Tradition und Kultur auszulösen, in der Hoffnung, hier etwas von dem zu finden, was der westlichen Welt fehlte und dazu verhelfen könnte, künftigen Katastrophen vorzubeugen. Das sei heute die Aufgabe der Dichter. Und wie bei Hesse hat Zweigs Beschäftigung mit Indien schließlich auch poetische Früchte getragen. Es war seine Legende »Die Augen des ewigen Bruders«, die 1921 – kurz vor Zweigs Begegnung mit Tagore – zu erscheinen begann. Sie spielt, zeitlich früher als Hesses »Siddhartha«, bereits im vorbuddhistischen Indien und beginnt mit einem Motto aus der Bhagavadgita: »Nicht durch Vermeidung von Taten wird man vom Tun befreit, nie kann man auch nur für einen Augenblick vom Handeln frei sein [...] Auch auf das Nichttun muß man achten. Denn das Wesen der Tat ist abgrundtief.«

Die Erzählung »Die Augen des ewigen Bruders« ist eine zutiefst pazifistische Fabel, die sich mit verschiedenen Formen der Gewalt, besonders dem Problem der soldatischen Pflichterfüllung im Krieg, auseinandersetzt. Sie schildert den Lebensweg des Kriegers Virata (auch dieser Name stammt aus der Bhagavadgita), der ahnungslos den eigenen Bruder tötet, um seinen König von Verschwörern zu befreien, die ihm die Macht entreißen wollten. Nachdem ihn der König zum Dank für diese Tat zum obersten Kriegsherrn ernennen wollte, schlägt Virata alle Ehren aus, die ihm für seinen Sieg angeboten werden, mit der Begründung: »Ich erschlug meinen Bruder, auf daß ich nun wisse, daß jeder, der einen Menschen erschlägt, seinen Bruder tötet.« Darauf enthebt ihn der König seiner Kriegerpflichten und macht ihn zum obersten Richter des Landes. Dieses Amt übt Virata sechs Jahre lang besonnen aus und vermeidet die Todesstrafe. Dann aber muss er über die Bestrafung eines elffachen Mörders entscheiden. Er verurteilt ihn zu elf Jahren Kerker und elffachem Auspeitschen. Dagegen protestiert der Angeklagte und wünscht sich lieber den sofortigen Tod, als Qualen zu erdulden, die kein Richter beurteilen könne. Daraufhin erbittet Virata von seinem König einen Monat lang Urlaub und begibt sich in den Kerker, wo der Mörder seine Haft absitzt. Er lässt ihn für einen Monat frei und erträgt an dessen Stelle Haft und Geißelung, um die Strafe, die er verhängt hat, am eigenen Leibe kennenzulernen. Der König erfährt davon, holt Virata aus dem Kerker und rühmt seinen Gerechtigkeitssinn. Dieser aber weist jedes Lob ab und drängt stattdessen auch auf die Befreiung aller übrigen Häftlinge. Er lässt sich von seinem Richteramt suspendieren, weil er erkannt hatte: »Jeder, der Recht spricht, tut Unrecht. Keiner kann eines anderen Richter sein.« Schweren Herzens willigt der König auch darin ein. Sechs Jahre hat Virata nun Ruhe, erfreut sich seiner Familie und seiner Besitzungen und wird zum Helfer vieler Ratsuchender. Eines Tages aber muss er mit ansehen, wie einer seiner Söhne einen geflohenen Sklaven verprügelt, und wieder bemerkt er im Bestraften den Blick des ermordeten Bruders. Daraufhin will er alle Bediensteten freilassen, denn er erkennt: »Wer Menschen bindet und Schicksale formt, fällt in Schuld.« Da seine Familie nicht einwilligt, verlässt er Frau und Kinder und lebt von nun an ganz auf sich allein gestellt in freiwilliger Armut als Bettelmönch in der Einsamkeit der Wälder. Er meidet die Menschen nun ganz, um endgültig jeder Möglichkeit, schuldig zu werden, aus dem Weg zu gehen.

Sein Beispiel macht Schule, und immer mehr Einsiedler ziehen in die Wälder und eifern ihm nach. Eines Tages aber trifft den Friedfertigen der hasserfüllte Blick einer Frau, die ihren Mann verloren hat, da dieser Viratas Beispiel gefolgt war. Weil sie allein ihre Familie nicht mehr ernähren konnte, waren ihre drei Kinder gestorben. Virata gibt nun auch diese Existenzform auf, kehrt zum König zurück, um künftig als Aufseher der Hunde auch diese Schuld zu büßen. Als der König stirbt, wird Virata von dessen Nachfolger derartig gepeinigt, dass er sein Leben verliert. »Nur die Hunde heulten, zwei Tage und zwei Nächte lang«, endet die Legende, »dann vergaßen auch sie Virata, dessen Namen nicht eingeschrieben ist in die Chroniken der Herrscher und nicht verzeichnet in den Büchern der Weisen.« Fazit: Als Krieger, als Richter, als Familienvater und Grundbesitzer, sogar noch als Bettelmönch, muss der gewissenhafte Virata erkennen, dass jede noch so redlich praktizierte Form menschlichen Handelns mit Schuld verbunden ist, ja dass selbst durch die Preisgabe des Handelns auch der beste Mensch es nicht vermeiden kann, schuldig zu werden.

Wie indisch ist diese Legende? Ich wage die Frage nicht zu beantworten. Und vielleicht ist das auch müßig. Denn Zweig hat wie jeder Dichter nur jene (indischen) Erkenntnisse, die er brauchen konnte, für seinen Zweck aufgegriffen. Er hat sie benutzt, um im kriegerischen Europa ein Bewusstsein dafür zu wecken, dass jeder, der tötet – ob bewusst oder indirekt –, nicht nur seinen Bruder tötet, sondern sich gegen die Schöpfung überhaupt, ja gegen sich selber vergeht. In einem an Romain Rolland gerichteten Brief vom Oktober 1922 hat er diese Erzählung als sein Glaubensbekenntnis bezeichnet, wie übrigens auch Hesse seinen »Siddhartha«, der gleichfalls 1922 erschien. Der Erfolg von Zweigs Legende in Deutschland war beträchtlich und hat, wie Hesses »Siddhartha«, das abendländische Indienbild erheblich beeinflusst. Mittlerweile ist sie allein in Deutschland in mehr als einer halben Million Exemplare verbreitet. Die Botschaft der Gewaltlosigkeit jedoch hat zu Zweigs Lebzeiten bei uns leider nicht Schule gemacht. Dennoch gab er es nicht auf, die restlichen 20 Jahre seines Lebens auch in vielen anderen fiktionalen Gewändern, Bildern und Gleichnissen für das indische und zugleich das allermenschlichste Ideal der Gewaltlosigkeit zu werben, getreu seiner hoffnungsvollen Devise »Die Tat beginnt immer mit dem Traum«.

In vielen seiner Erzählungen und allen seinen Lebensbildern von Dichtern, Wissenschaftlern und politischen Schlüsselfiguren ist Zweig den Gründen für Aggression, Fanatismus, Macht- und Destruktionstrieb auf der Spur. Es sind für ihn die Habgier, die Dummheit, die Eitelkeit, die Trägheit und der Ehrgeiz. Er prangert sie an in seiner Biographie über Joseph Fouché, Marie Antoinette oder am Beispiel des religiösen Fanatikers Calvin. Doch mehr noch vertraut er der Suggestionskraft von positiven Leitbildern, wie er sie in seinen »Sternstunden der Menschheit«, in Büchern wie »Heilung durch den Geist« oder Biographien über Romain Rolland, Erasmus von Rotterdam, Magellan, Montaigne und in anderen Lebensbildern reaktiviert hat.

In seiner Autobiographie »Die Welt von Gestern« erinnert er sich kurz vor seinem Tod nochmals an seine Indienreise. Er spricht vom Rassismus, den er in Indien zum ersten Mal beobachtet habe: »Indien wirkte auf mich unheimlicher und bedrückender, als ich gedacht habe. Zum erstenmal sah ich [an der Behandlung der Halfcast] dort die Pest des Rassenreinheitswahns, der unserer Welt verhängnisvoller geworden ist als die wirkliche Pest in früheren Jahrhunderten [...] Ich wurde das Gefühl nicht los, daß die kommenden Jahrzehnte Verwandlungen dieses absurden Verhältnisses bringen müßten, von dem wir in Europa nichts zu ahnen wagten.«

Was den Dünkel der Kolonialherren betrifft, ist Indien davon – spät genug – 1947 durch Gandhi und Nehru befreit worden. Stefan Zweig hat das leider nicht mehr erlebt, denn noch bevor Hitler und sein Antisemitismus kapitulieren mussten, bevor Jahrzehnte später die Rassendiskriminierung und Apartheid geächtet wurden, war Zweig am Ende seiner Widerstandskraft und nahm sich das Leben, verzweifelt darüber, dass er mit all seinen Büchern nichts auszurichten vermocht hatte gegen den Lauf der Dinge.

Postkarte von Zweigs Indienreise, Februar 1909

Stefan Zweig im August 1936 mit seinem Verleger A. Koogan in Brasilien

ETHNISCHE VIELFALT GEGEN RASSISTISCHE EINFALT

Stefan Zweigs Brasilien-Buch

Vier Jahrzehnte lang, seit die deutsche Erstausgabe von 1941 im Stockholmer Exil erschien, war dieses Buch bei uns vergriffen. Als es anlässlich von Stefan Zweigs 100. Geburtstag 1981 endlich wieder lieferbar wurde, erreichten die Neuauflagen bis heute die zehnfache Verbreitung der Erstveröffentlichung. Ein erstaunliches Phänomen für ein Buch dieser Gattung. Sind doch Sachbücher in der Regel schon nach wenigen Jahren veraltet und müssen durch aktuellere ersetzt werden. Doch diese Monographie über ein Land, das auch heute noch voll schlummernder Ressourcen und Entwicklungsmöglichkeiten steckt, ist geblieben, was sie seit damals war: ein Kompass für die Zukunft und ein Standardwerk, das – seitdem es wieder zugänglich wurde – in fast allen Brasilien-Reiseführern genannt und zitiert wird. Und noch erstaunlicher ist es, dass dieses vor mehr als 70 Jahren geschriebene Buch, obwohl seine Angaben über Bevölkerungsdichte, Wirtschaft und Industrialisierung mittlerweile längst revisionsbedürftig sind, in seiner Substanz keineswegs veraltet ist. Denn das, was inzwischen an zivilisatorischem Fortschritt hinzukam, ist anderswo immer noch weit hinter dem zurückgeblieben, was Stefan Zweig am Beispiel Brasiliens als Modell einer menschenwürdigeren Form des Zusammenlebens antizipiert hat.

Was an Zweigs Darstellung dieses heute fünftgrößten Staates der Erde an Zahlen und Fakten zu aktualisieren wäre – zum Beispiel die Bevölkerungsexplosion von damals 40 auf mittlerweile 200 Millionen Einwohner, das extremere soziale Gefälle in den Ballungszentren, die bedenkliche Zerstörung des Regenwaldes im Zusammenhang mit dem rapiden Wirtschaftswachstum, welches das Land inzwischen auf die sechste Stelle unter den Industrienationen befördert hat (freilich mit einer der höchsten Auslandsverschuldungen und Inflationsraten) –, fällt zwar ins Gewicht, vermag aber dem, was in Zweigs Schilderung an geschichtlichen, kulturellen, psychologischen und landschaftlichen Wahrnehmungen gültig geblieben ist, nichts anzuhaben. Und erst recht unübertroffen ist der fesselnde und mitreißende Schwung ihrer Darstellung, so dass man nicht ein Sachbuch, sondern eine Novelle zu lesen meint.

»Um andere begeistern zu können«, schrieb der Autor in einem seiner letzten Briefe, müsse man auch »selber begeisterungsfähig« sein. Dazu gab Brasilien dem Vielgereisten am Ende seines Lebens mehr Anlass als jedes andere Land der Erde. Warum?

Nachdem 1933 auch seine Bücher – einzig weil ihr Verfasser jüdischer Herkunft war – auf den nationalsozialistischen Scheiterhaufen verbrannt worden waren und ein Jahr später in seinem Salzburger Heim auf dem Kapuzinerberg eine Hausdurchsuchung nach angeblich versteckten Waffen stattgefunden hatte, war Stefan Zweig nach London übergesiedelt.

Der Leipziger Insel Verlag, der sein Werk dreißig Jahre lang betreut hatte, bekam nun plötzlich Schwierigkeiten mit seinem erfolgreichsten zeitgenössischen Autor. Was ihm vordem Millionen Leser gebracht hatte, galt mit einem Mal als undeutsch, verderblich und dekadent. Es störte, wie die Bücher fast aller fortschrittlichen Dichter und Denker, das damals prosperierende Regime der Richter und Henker. Obwohl der mittlerweile über fünfzigjährige Stefan Zweig zu diesem Zeitpunkt keineswegs mehr einzig auf sein deutsches Leserpublikum angewiesen war (denn bereits in den zwanziger Jahren zählte er zu den meistübersetzten Autoren, seine ausländischen Buchauflagen hatten die der deutschen Originalausgaben rasch eingeholt), verletzte ihn diese Ächtung doch tief. Er, der sich bis dahin fast nichts aus seinen weltweiten Erfolgen gemacht hatte, war nun dankbar für jede übernationale Bestätigung, die seine Herabsetzung seitens der Nationalsozialisten widerlegte. Zu diesen Bestätigungen zählte auch die Einladung des Internationalen PEN-Clubs zu einer

Schriftstellertagung in der argentinischen Hauptstadt Buenos Aires. Nicht dass er sich aus solchen Kongressen, deren Jahrmarkt der Eitelkeiten seinem Naturell widersprach, sonderlich viel gemacht hätte, aber die vom PEN-Club finanzierte Reise war doch auch eine willkommene Gelegenheit, Abstand zu gewinnen vom Alltag im britischen Exil und »wieder einmal ein Stück Welt zu sehen, ehe die Knochen morsch und die rezeptiven Organe träge werden«, teilte er Hans Carossa mit. »Ich habe wieder Hunger nach Ferne«, schrieb er an Romain Rolland, »und den Wunsch, diese Welt noch einmal rund zu sehen, ehe sie zusammenkracht.« Hinzu kam die außerordentlich freundliche Einladung des brasilianischen Außenministers Macedo Soãres zu einem Besuch in Rio. Denn in Brasilien war Zweig schon damals der beliebteste zeitgenössische Autor.

Seinem erst zwanzigjährigen brasilianischen Verleger Abrahão Koogan, der, als er von Zweigs Südamerikareise erfuhr, diese Einladung bewirkt hatte, schrieb er am 5.11.1935 in französischer Sprache: »Ich möchte Ihnen mitteilen, daß ich eben eine Einladung Ihrer Regierung erhalten habe, nach Brasilien zu kommen, und ich weiß nicht, ob ich dieses Angebot Ihrer liebenswürdigen Intervention verdanke. Ich habe beschlossen, diese schmeichelhafte Einladung anzunehmen.« Er beabsichtige, fährt Zweig fort, die Reise mit der nach Argentinien zu verbinden, doch wisse er noch nicht, ob er vor oder nach der PEN-Club-Tagung in Argentinien nach Brasilien kommen werde. Am 7.5.1936 ist die Entscheidung gefallen. Aus London meldet er Koogan, er wolle zuerst nach Brasilien kommen und werde am 21. August, nach knapp vierzehntägiger Schiffsreise auf der »Alcantara«, in Rio eintreffen. Alles sei ganz einfach, bis auf eine einzige Schwierigkeit – nämlich, »ich schäme mich, es zu sagen, ich selbst. – Denn ich muß Ihnen gestehen, daß ich einen wahren Horror vor allen Festivitäten,

Banketten und Empfängen habe, für die ich absolut ungeeignet bin [...] Ich möchte kommen wie eine Privatperson, die sich informieren will, und erst gegen Ende der Reise nur ein paar Schriftstellerkollegen treffen. Ich will nicht die ganze Zeit mit Empfängen, Konferenzen oder anderen Dingen verbringen, bei denen meine Person im Rampenlicht steht. Doch würde ich gerne das Land bereisen und seine Städte und Menschen kennenlernen [...] Vielleicht stimmen meine Absichten nicht überein mit Ihrem Standpunkt als Verleger, der eher eine etwas offiziellere Haltung bevorzugen würde, aber in meinem Alter kann man sein Naturell nicht mehr ändern.« Obwohl Koogan versicherte, diesen Erwartungen zu entsprechen, kam alles ganz anders, und auch Stefan Zweig selbst, dieser eher scheue Schriftsteller, war nicht wiederzuerkennen angesichts der überwältigenden Sympathien, die ihm gleich bei seiner Ankunft in der Bucht von Guanabara entgegenschlugen.

Von vier Abgeordneten des Außenministeriums empfangen, wurden ihm eine fürstliche Suite im soeben fertiggestellten Copacabana Palace Hotel, der ersten Adresse der Stadt, und seitens der Regierung ein eigenes Automobil mit Chauffeur sowie ein Französisch sprechender Attaché als Begleiter und Dolmetscher zur Verfügung gestellt. Umringt von Journalisten, kam es zu Empfängen beim Regierungschef Getúlio Vargas (dessen Töchter begeisterte Zweig-Leserinnen waren), bei den Präsidenten der Literarischen Akademie und des PEN-Clubs und anderen mehr. Etwa 25 seiner ins Portugiesische übersetzten Bücher waren damals in Brasilien lieferbar und stießen beim Publikum auf einen in Europa für Schriftsteller unvorstellbaren Enthusiasmus, zumal er alle Bevölkerungsschichten, vom Akademiker bis zum Angestellten, Beamten und Landarbeiter, erfasste. Er gründete sich nicht auf eine einzige Publikation, sondern auf alle seine Bücher. Dass Zweig nun selber nach Brasilien kam, war für seine Leser ein solches

Ereignis, dass Besucher der Vorträge, zu denen er sich dann doch überreden ließ, zwei Straßen weit Schlange standen, ohne in dem zweitausend Sitzplätze fassenden Saal noch untergebracht werden zu können. »Ein Teil von mir war schon hier«, sagte er in seiner am 25. August 1936 gehaltenen Rede »Dank an Brasilien« in der Literarischen Akademie, »meine Bücher, sie waren zugegen in anderer Sprache und anderem Gewand, in den Auslagen der Buchhandlungen, und mehr noch, tausendfach mehr: in den Herzen der Menschen [...] Ich erlebte mich vervielfältigt und gespiegelt und genoß in wenigen Tagen mehr Güte und Freundschaft als sonst in Jahren.« Was Wunder, dass er angesichts solcher Aufgeschlossenheit die Brasilianer noch von ihrer alten Kultur durchdrungen sah, einer Mentalität, der offenbar jede künstlerische, jede literarische Leistung hundertmal mehr gelte als jede politische. Er sei, bemerkte Stefan Zweig, in Rio fast wie ein Filmstar empfangen worden und habe sich wie Marlene Dietrich oder Charlie Chaplin gefühlt.

Aber nicht nur der herzliche Empfang war es, der ihm dieses Land nahebrachte. Es war auch das Naturell der Menschen, denen er hier begegnet ist – ein Naturell, das manche Gemeinsamkeiten aufweist mit seinem eigenen konzilianten und auf die ansteckende Überzeugungskraft des Guten vertrauenden Wesen. Schon damals bei diesem ersten zwölftägigen Brasilienaufenthalt im August 1936, rühmt er die topographischen und klimatischen Besonderheiten des Landes, dass nämlich »die harmonische Disposition der Natur hier in die Lebenshaltung einer ganzen Nation übergegangen ist«. Es sei, so schreibt er, »die erste und täglich erneute Überraschung, kaum daß man dieses Land betritt, in wie freundlicher und unfanatischer Form die Menschen innerhalb dieses riesigen Raumes miteinander leben [...] Sie entwickeln unter dem unmerklich erschlaffenden Einfluß dieses Klimas weniger Stoßkraft, weniger Vehemenz, weniger Dynamik, also gerade die Eigenschaften, die man heutzutage in typischer Überschätzung als die moralischen Werte eines Volkes anpreist; aber wir, die wir die fürchterlichen Folgen dieser psychischen Überspannungen, dieser Gier und Machtwut am eigenen Schicksal erfahren, genießen diese lindere und gelassenere Form des Lebens als eine Wohltat und ein Glück.« Als Europäer, der bereits zweimal den Bankrott solcher Betriebsamkeit erlebt hat, vermerkt er so skeptisch wie prophetisch: »Wir sind nicht mehr bereit, Begriffe wie Zivilisation und Organisation kurzerhand mit Kultur gleichzusetzen [...] Wir haben gesehen, daß die höchste Organisation die Völker nicht gehindert hat, diese einzig im Sinne der Bestialität statt in jenem der Humanität einzusetzen [...] Wir sind nicht mehr gewillt, eine Rangordnung anzuerkennen im Sinne der industriellen, der finanziellen, militärischen Schlagkraft eines Volkes, sondern den Grad der Vorbildlichkeit eines Landes an seiner friedlichen Gesinnung und seiner humanen Haltung zu messen.«

Der wichtigste Grund aber für seine Liebe zu Brasilien war wohl ein soziologischer. In seinem Tagebuch, in vielen Briefen und dem, was er später über dieses Land schrieb, wird er nicht müde, darauf hinzuweisen, dass Brasilien seiner ethnischen Struktur zufolge nach europäischen Maßstäben das zerspaltenste, unfriedlichste und unruhigste Land der Welt sein müsse. Gemessen am Nationalitäten- und Rassenwahn im damaligen Europa »wäre zu erwarten, daß jede dieser Gruppen sich feindlich gegen die andere stellte, die Frühergekommenen gegen die Spätergekommenen, Weiße gegen Schwarze, Amerikaner gegen Europäer, Braune gegen Gelbe, daß Mehrheiten und Minderheiten im ständigen Kampf um ihre Rechte und Vorrechte einander befeindeten«. Stattdessen aber könne man hier das Wunder erleben, daß die Menschen, ihrer verschiedenen Herkunft zum Trotz, einzig in dem Ehrgeiz wetteifer-

Stefan Zweig mit seinem Verleger 1936 in São Paulo

Stefan Zweig im August 1936 bei einem Empfang mit dem brasilianischen Präsidenten Getúlio Vargas

ten, diese Unterschiede abzubauen, »um möglichst rasch vollkommene Brasilianer, eine neue und einheitliche Nation zu werden«.

Dieser Ausgleich der Gegensätze, die Kompromissfreudigkeit, Assimilationsbereitschaft und Toleranz der Menschen waren für Stefan Zweig, der im zerstrittenen Europa von Jugend auf (unter anderem auch als Übersetzer und Berater seiner Verleger) für Völkerverständigung gesorgt hatte, 1936 ein kaum fassbares Kontrasterlebnis. War doch damals noch kein Jahr vergangen, seit die Nationalsozialisten ihre Nürnberger Rassengesetze eingeführt hatten, also den »Irrwitz, Menschen rassistisch rein aufzüchten zu wollen, wie Rennpferde und Hunde«. Im Gegensatz dazu fand er in Brasilien das riskante Experiment der freien und unbehinderten Assimilation, der vollkommenen Rassenmischung und Farbgleichsetzung geglückt. Letztere äußerten sich für ihn auch in einer Vielfalt und Schönheit der Menschen, wie sie der Vielgereiste bisher noch nirgendwo erlebt hatte. »Die ständige Durchströmung und gegenseitige Anpassung unter gleichem Klima und gleichen Lebensbedingungen hatte einen durchaus individuellen Typus herausgearbeitet, dem alle die von den Rassenreinheitsfanatikern großmäulig angekündigten zersetzenden Eigenschaften völlig fehlen.« Das musste damals einem Europäer und erst recht einem Humanisten jüdischer Herkunft als das Paradies auf Erden erscheinen.

Nach Stationen in São Paulo, Campinas und Santos endete für Zweig dieser erste Aufenthalt mit dem Stoßseufzer »Brasilien ist unglaublich, ich könnte heulen wie ein Schloßhund, daß ich hier weg soll«. Gleich nach der Tagung in Buenos Aires (einem Ort, wo – seinem Namen zum Trotz – die Luft nicht so gut wie in Rio sei), während der Schiffsreise zurück nach Europa, notiert er sich Stichworte zu einer Artikelfolge, der »Kleinen Reise nach Brasilien«, die noch im Herbst

1936 in der Budapester Zeitung »Pester Lloyd« erschien. Diese acht Reisebilder waren die Keimzelle seines im Februar 1941 abgeschlossenen Brasilien-Buches. Zwei davon, »Besuch beim Kaffee« und »Kunst der Kontraste«, hat er dann auch fast unverändert mit denselben Überschriften in die Buchausgabe übernommen.

Zunächst aber waren andere Pläne vordringlicher. Schon auf der Hinfahrt nach Südamerika hatte er – beschämt über den komfortablen Luxus der Schiffsreise – daran gedacht, dem portugiesischen Seefahrer Fernão de Magalhães (1480-1521) eine seiner unter dem Titel »Sternstunden der Menschheit« berühmt gewordenen historischen Miniaturen zu widmen. Denn Magalhães hatte diese Reise unter den schwierigsten Bedingungen vierhundert Jahre vor ihm unternommen, als er 1520 als Erster den Erdball umsegelte, bei Feuerland, der Südspitze Brasiliens, die Passage zum Stillen Ozean entdeckte und damit nicht nur den handfesten Beweis erbrachte, dass die Erde rund ist, sondern zugleich eine neue Verbindung zwischen Abend- und Morgenland herstellte. Wie fast alle von Zweig bevorzugten Charaktere war auch dieser kurz vor seinem Ziel ermordete Seefahrer ein tragischer Held, dem es nicht mehr vergönnt war, die Früchte seiner Pioniertat zu ernten. Doch war es ihm gelungen, seinen Traum in die Tat umzusetzen – Grund genug für den Dichter, diesen Fall neu aufzurollen und dabei, wie immer nach sorgfältigen Quellenstudien in historischen Dokumenten und Augenzeugenberichten, so viel unbekanntes Material mit der ihm eigenen profunden Menschenkenntnis aufzubereiten, dass sich die beabsichtigte Miniatur unversehens zu einer seiner großen Biographien entwickelte, deren Erstausgabe 1938 in Österreich, Brasilien und Spanien fast gleichzeitig erschien.

Inzwischen hatte Abrahão Koogan Zweigs Zeitungsartikel »Kleine Reise nach Brasilien« zu Gesicht bekommen und um dessen Veröffentlichung in seinem Verlag gebeten. Das mag Zweig den Anstoß gegeben haben, erstmals eine Monographie über dieses Land in Erwägung zu ziehen. Doch seine damaligen Skizzen, von den wenigen Tagen, die er dort verbracht hatte, schienen ihm so unzureichend, dass er am 19.6.1937 antwortete: »Wenn möglich, werde ich nächstes Jahr zu einem längeren Aufenthalt nach Brasilien kommen, um einen genaueren Eindruck von Ihrem schönen Land zu bekommen, dann habe ich die Absicht über meine Reise zu schreiben. Deshalb möchte ich nicht, daß Sie die Artikelfolge über meinen ersten Brasilieneindruck veröffentlichen [...] Mein Buch über Magalhães ist fast fertig, das Manuskript werde ich Ihnen senden, sobald es druckreif ist.«

Es sollten freilich noch drei Jahre vergehen, bis er sein Versprechen einlösen konnte, erneut nach Südamerika zu reisen, und bis er endlich den Kopf dafür frei hatte, sein »Handbuch für jeden Ausländer, der nach Brasilien kommt«, zu konzipieren. Allzu vieles schob sich dazwischen, private wie zeitgeschichtliche Widerstände.

Zunächst galt es, die Trennung von seiner Frau Friderike zu legalisieren und noch vor dem Einmarsch Hitlers in Österreich das Salzburger Haus zu verkaufen, dessen Annehmlichkeiten Friderike bisher daran gehindert hatten, mit ihren beiden Töchtern aus erster Ehe gleichfalls zu emigrieren. Sodann hatte Zweigs neues Verhältnis zu Lotte Altmann, seiner asthmakranken Sekretärin und Mitarbeiterin in England seit 1934, ihn motiviert, 1937 einen Roman zu schreiben, der ein Jahr später unter den Titeln »Ungeduld des Herzens« und »Beware of Pity« (Hüte dich vor Mitleid) in Amsterdam und New York erschien.

Kurz vor Ausbruch des Zweiten Weltkriegs war er mit Lotte ins abgelegenere Bath umgezogen. Denn »London ist kaum mehr erträglich durch den täglichen Andrang von Hilfe-

und Ratsuchenden«. In Bath bemühte sich der seit Kriegsbeginn staatenlos gewordene »alien enemy« um seine Einbürgerung als Engländer und bewahrte Lotte Altmann bei Ausbruch des Zweiten Weltkriegs durch seine Heirat vor dem Schicksal, interniert zu werden. Endlich im Besitz eines britischen Passes (Zweig im März, Lotte im Juni 1940), konnten sie, nach Zwischenstationen in den USA, die geplante Brasilienreise ins Auge fassen, der sich erneut Einladungen zu einer Vortragstournee durch Argentinien, Chile, Venezuela und Uruguay angeschlossen hatten. So schreibt er im Juli 1940 aus New York seinem Verleger nach Rio: »Vor einiger Zeit habe ich England verlassen, und da ich eine Reise nach Südamerika vor mir habe, kann ich jetzt mein Versprechen einlösen und ein paar Wochen nach Brasilien kommen, um das Brasilien-Buch abzuschließen, das ich bei meinem ersten Aufenthalt plante [...] Ich habe eine Art Heimweh nach Ihrem wunderbaren Land, welches das Glück hat, fernab vom Krieg und unseren schrecklichen Krisen zu sein [...] Um was ich Sie bitte, ist folgendes: Ich möchte die Zeit still und arbeitsam verbringen, um das Buch zu beenden, und ein zurückgezogenes und sparsames Leben führen. Ich bitte Sie, für mich und meine Frau ein Hotel oder ein nicht zu teures Logis – nicht das Copacabana – auszuwählen [...] unweit der Stadt.«

Am 21. August, dem gleichen Ankunftsdatum wie bei seiner ersten Brasilienreise, war es endlich so weit. Nach einigen Wochen konzentrierter Arbeit im Hotel Paysandù und einer anstrengenden, doch triumphalen Vortragstournee durch die anderen lateinamerikanischen Staaten, kehrte er am 16. September nach Rio zurück, um weitere sechs Wochen, diesmal im Hotel Central, auf sein Brasilien-Buch zu verwenden, ohne es jedoch abschließen zu können. Denn wieder sorgten sowohl seine brasilianischen Freunde als auch die Journalisten dafür, dass sich die ersehnte Arbeitsruhe nicht einstellen wollte. So flog er im Januar 1941 mit Lotte, nach Zwischenstationen im Norden des Landes (Bahia, Pernambuco und Belém), zurück in die USA, wo es ihm dank der Yale-Bibliothek im unweit von New York gelegenen New Haven gelang, das Manuskript innerhalb von drei Wochen zu vollenden. Den größten Teil des Typoskriptes schickte er am 21. Februar an seinen New Yorker Verleger Ben Huebsch und einen Durchschlag davon tags darauf auch an dessen brasilianischen Kollegen Koogan, den er um kritische Kontrolle der Daten, Namen und portugiesischen Ausdrücke bat. Zwei Monate später waren die Lektoratsarbeiten abgeschlossen, und auch der Titel des Buches stand nun fest. Aus einem Schreiben vom 22. April an Abrahão Koogan geht hervor, dass er sich darüber mit seinem amerikanischen Verleger geeinigt habe: »Als Titel haben wir uns hier für ›Brasilien – Land der Zukunft‹ entschieden und ich glaube, daß er auch für die brasilianische Ausgabe passen würde.« Was die Werbung betreffe, so könne Koogan schon jetzt die Zeitungen darüber informieren, dass das Buch gleichzeitig in den USA (übersetzt von James Stern), in England (derselbe Übersetzer), in Frankreich (übersetzt von Claire Goll), in der deutschsprachigen Originalfassung in Stockholm erscheinen werde und in Schweden (übersetzt von Hugo Hultenberg) sowie in Spanien (übersetzt von Alfredo Cahn). Am Ende dieses Schreibens fügte Zweig hinzu, er könne zwar im Augenblick noch keine großen Pläne schmieden, habe aber große Lust – dank eines Visums zum Daueraufenthalt in Brasilien, das ihm das Generalkonsulat im November 1940 eingeräumt hätte –, baldmöglichst dorthin zurückzukehren. Denn zuvor galt es noch, eine neue Arbeit, das Lebensbild des Amerigo Vespucci, abzuschließen, die »Geschichte eines historischen Irrtums«, dem ein ganzer Kontinent seinen Namen verdankt.

Als Lotte und Stefan Zweig Ende 1941 von New York aus ihre dritte und letzte Reise nach Rio antraten, um sich bald darauf im nahegelegenen Petrópolis anzusiedeln, war das Brasilien-Buch gerade erschienen. Das Echo, das es fand, war gemischt. Einer breiten und positiven Resonanz beim Publikum (in Brasilien konnten auf Anhieb mehr als 100 000 Exemplare ausgeliefert werden) stand ein reserviertes, ja ablehnendes Verhalten seitens der Journalisten gegenüber, die ihm ankreideten, dass er gerade das, was ihnen selber an ihrem Lande rückständig vorkam, als Fortschritt gepriesen habe. »Hier liebt man nicht das, was wir lieben«, bedauerte Zweig im Oktober 1941 in einem Brief an Berthold Viertel, »die weise Ruhe und Hingabe an das Leben, die Güte und Toleranz. Man ist stolz auf die Hochbauten, die Organisation. Sie wissen noch nicht, wohin das führt, und wir wissen es.« Und zuvor an seine ehemalige Frau Friderike: Die Brasilianer seien auf ihre Fabriken und Kinos versessener »als auf die wunderbare Farbigkeit und Natürlichkeit des Lebens«. Ja, einige der Kritiker unterstellten ihm sogar, sein Buch sei »von der hiesigen Propaganda bestellt und bezahlt«.

Diese Mutmaßung, so absurd sie war, hatte gleichwohl einen Schein von Plausibilität angesichts der werbenden und auf die vorbildlichen Unterschiede zur damaligen Weltlage zielenden Tendenzen des Buches. Mochte Zweig auch die innenpolitischen Probleme Brasiliens und die seit Hitlers Siegen zunehmend nach rechts tendierenden Entscheidungen der Regierung Vargas (die bereits 1937 nach einem Staatsstreich sowohl die Verfassung als auch die Parteien aufgehoben hatte) außer Acht gelassen haben, so behielt sein Buch aus internationaler, geopolitischer und vor allem aus pädagogischer Sicht doch recht. Denn was hätte es den damaligen und künftigen Lesern geholfen, wenn Zweig den kurzfristigen Irritationen der Tagespolitik ein Gewicht eingeräumt hätte, das ihm nicht zukam, angesichts der Überzeugungskraft dessen, was dieses Land an vorbildlichen und zukunftsweisenden Impulsen zu bieten hatte?

Er habe, bemerkte Zweig in einem kurzen Selbstporträt aus dem Jahre 1936, es seit dem Ende des Ersten Weltkriegs als seine »moralische Pflicht empfunden, nur noch in einer Richtung zu schreiben, nämlich derjenigen, die unserer Zeit hilft, sich positiv weiterzuentwickeln: durch Verdeutlichung des Vergangenen, durch Mahnung an die Gegenwart – denn ich glaube, daß allein *die* Anstrengung als wertvoll gelten kann, welche die Einigkeit unter den Menschen fördert und das gegenseitige Verständnis zwischen den Völkern und Nationen vertieft«.

Die Erkenntnis, dass jede Tat immer mit dem Traum beginnt, war für einen Künstler wie Stefan Zweig einer der produktivsten Antriebe. Dass es oft lange dauern kann, bis aus dem Traum Wirklichkeit wird, spricht nicht gegen den Traum. Die Überwindung separatistischer Hürden hat Stefan Zweig auch für Europa erträumt. So zielt, was er in Brasilien verwirklicht fand, zugleich auf ein ähnlich übernationales Europa.

Stefan und Elisabeth Charlotte Zweigs Grabstätte in Petrópolis, Foto: Ingrid Schwamborn

Declaração (Abschrift, copia)

Ehe ich aus freiem Willen und mit klaren Sinnen aus dem Leben scheide, drängt es mich eine letzte Pflicht zu erfüllen: diesem wundervollen Lande Brasilien innig zu danken, das mir und meiner Arbeit so gute und gastliche Rast gewährt. Mit jedem Tage habe ich dies Land mehr lieben gelernt und nirgends hätte ich mir lieber mein Leben vom Grunde aus neu aufgebaut, nachdem die Welt meiner eigenen Sprache für mich untergegangen ist und meine geistige Heimat Europa sich selbst vernichtet.

Aber nach dem sechzigsten Jahr bedürfte es besonderer Kräfte, um noch einmal völlig neu zu beginnen. Und die meinen sind durch die langen Jahre heimatlosen Wanderns erschöpft. So halte ich es für besser, rechtzeitig und in aufrechter Haltung ein Leben abzuschliessen, dem geistige Arbeit die lauterste Freude und persönliche Freiheit das höchste Gut dieser Erde gewesen.

Ich grüsse alle meine Freunde! Mögen sie die Morgenröte noch sehen nach der langen Nacht. Ich, allzu Ungeduldiger, gehe ihnen voraus!

Stefan Zweig

Petropolis 22. II 1942

Stefan Zweigs Abschiedsbrief, Petrópolis 22.2.1942

Volker Michels, geboren 1943 in Villingen, wurde als Herausgeber zahlreicher Editionen von zu Unrecht vernachlässigten Autoren des 18. bis 20. Jahrhunderts bekannt, insbesondere des umfangreichen literarischen, brieflichen und bildnerischen Nachlasses von Hermann Hesse. Michels verbrachte die Gymnasialzeit in der Schule Schloss Salem und studierte Medizin und Psychologie in Freiburg und Mainz. 1969 engagierte ihn Siegfried Unseld, der Verleger des Frankfurter Suhrkamp und Insel Verlags, als Lektor für deutsche Literatur. Neben seiner fast vierzigjährigen Redaktionsarbeit veröffentlichte er dort und in anderen Verlagen etwa 150 thematische Editionen und betreute die Werke von Ernst Weiß, Friedrich Michael, Martin Beheim-Schwarzbach, Ernst Penzoldt und Robert Walser. Darüber hinaus initiierte er die bei S. Fischer erschienenen Werkausgaben von Stefan Zweig und Manfred Hausmann.
2013 wurde Volker Michels von der Heinrich-Heine-Universität Düsseldorf mit der Ehrendoktorwürde und 2014 mit dem Ehrenpreis der Calwer Hermann-Hesse-Stiftung ausgezeichnet.
Schwerpunkt seiner publizistischen Aktivitäten war von Anfang an die Erschließung der unveröffentlichten Werke des 1946 mit dem Nobelpreis ausgezeichneten Hermann Hesse. In Sammelbänden wie »Politik des Gewissens« und »Die Welt im Buch« legte er erstmals die in etwa 60 in- und ausländischen Zeitungen und Zeitschriften verstreuten politischen und kulturkritischen Schriften des Dichters vor, ebenso zahlreiche Briefwechsel, Themen-, aber auch Materialienbände zur Entstehungs- und Wirkungsgeschichte seiner Werke sowie Sammlungen der wichtigsten Sekundärliteratur. Mit einem 2007 erschienenen Registerband schloss Michels die erste, 21 Bände umfassende Hesse-Gesamtausgabe ab, die etwa das Doppelte von dem umfasst, was der Dichter zu Lebzeiten in Buchform vorgelegt hat. Seit 2008 arbeitet Michels an einer auf 10 Bände angelegten Ausgabe von Hermann Hesses Briefen, die als Ergänzung der »Sämtlichen Werke« konzipiert ist. Drei die Jahre 1881 bis 1923 dokumentierende Bände sind unter den Titeln »Ich gehorche nicht, und werde nicht gehorchen!«, »Aus dem Traurigen etwas Schönes machen« und »Eine Bresche ins Dunkel der Zeit« bereits erschienen.
Volker Michels verfasste darüber hinaus zahlreiche Essays zu literarischen und kunsthistorischen Themen. Sie führten ihn auf Vortragsreisen durch Europa, in die USA, nach Südamerika, Japan und Indien. An seinem Wohnort Offenbach am Main hat er in Zusammenarbeit mit Hermann Hesses Sohn Heiner Hesse und seiner Frau Ursula Michels-Wenz ein von Forschern aus aller Welt genutztes Hermann-Hesse-Editionsarchiv aufgebaut und 1990 im Auftrag des Deutschen Literaturarchivs Marbach in Hesses Geburtsstadt Calw das dortige Hesse-Museum konzipiert und eingerichtet.

HESSE LECTURES

Volker Michels,
Auf den Einzelnen kommt es an
Zur Aktualität von Hermann Hesse
32 Seiten. Broschiert.
€ 9,80,–
ISBN 978-3-9815893-2-0

Volker Michels,
Impulse zur Humanisierung
Ein Gespräch zur Aktualität von Hermann Hesse
96 Seiten. Broschiert.
€ 12,–
ISBN 978-3-9815893-6-8

Volker Michels,
»Spitzbübischer Spötter« und »Treuherzige Nachtigall«
Hermann Hesse und Thomas Mann
40 Seiten. Broschiert.
€ 10,–
ISBN 978-3-9815893-8-2

editionfaust